TRANZLATY

El idioma es para todos

زبان برای همه است

El Manifiesto Comunista

مانیفست کمونیست

Karl Marx
&
Friedrich Engels

Español / فارسی

ISBN: 978-1-80572-435-3

Original text by Karl Marx and Friedrich Engels

The Communist Manifesto

First published in 1848

www.tranzlaty.com

Introducción

مقدمه

Un fantasma acecha a Europa: el fantasma del comunismo

شبحی اروپا را تسخیر می کند ـ شبح کمونیسم

Todas las potencias de la vieja Europa han entrado en una santa alianza para exorcizar este fantasma

تمام قدرتهای اروپای قدیم به یک اتحاد مقدس وارد شدهاند تا این شبح را از بین ببرد

El Papa y el Zar, Metternich y Guizot, los radicales franceses y los espías de la policía alemana

پاپ و تزار،مترنیخ و گیزوت ، رادیکالهای فرانسوی و جاسوسان پلیس المان

¿Dónde está el partido en la oposición que no ha sido tachado de comunista por sus adversarios en el poder?

حزب اپوزیسیون کجاست که از سوی مخالفانش در قدرت به عنوان کمونیست محکوم نشده است؟

¿Dónde está la Oposición que no haya devuelto el reproche de marca al comunismo contra los partidos de oposición más avanzados?

اپوزیسیون کجاست که سرزنش کمونیسم را علیه احزاب اپوزیسیون پیشرفته تر رد نکرده است؟

¿Y dónde está el partido que no ha hecho la acusación contra sus adversarios reaccionarios?

و حزبی که این اتهام را علیه دشمنان ارتجاعی خود مطرح نکرده است کجاست؟

Dos cosas resultan de este hecho

دو نتیجه از این واقعیت

I. El comunismo es ya reconocido por todas las potencias europeas como una potencia en sí misma

کمونیسم در حال حاضر توسط تمام قدرت های اروپایی به عنوان یک ا قدرت شناخته شده است

II. Ya es hora de que los comunistas publiquen abiertamente, a la vista de todo el mundo, sus puntos de vista, sus objetivos y sus tendencias

زمان ان رسیده است که کمونیست ها در مواجهه با کل جهان، دیدگاه ها،اهداف و گرایش های خود را اشکارا منتشر کنند ۔

deben hacer frente a este cuento infantil del Espectro del Comunismo con un Manifiesto del propio partido

باید این داستان کودکانه شبح کمونیسم را با مانیفست خود حزب به دست اورند

Con este fin, comunistas de diversas nacionalidades se han reunido en Londres y han esbozado el siguiente Manifiesto

برای این منظور، کمونیستهای ملیتهای مختلف در لندن گرد هم امده و مانیفست زیر را ترسیم کردهاند۔

El presente manifiesto se publicará en inglés, francés, alemán, italiano, flamenco y danés

این مانیفست قرار است به زبانهای انگلیسی،فرانسوی ،المانی ، ایتالیایی،فلاندری و دانمارکی منتشر شود ۔

Y ahora se publicará en todos los idiomas que ofrece Tranzlaty

ارائه می Tranzlaty و در حال حاضر ان را به تمام زبان هایی که دهد منتشر می شود

La burguesía y los proletarios
بورژوازی و پرولترها

La historia de todas las sociedades existentes hasta ahora es la historia de las luchas de clases

تاریخ تمام جوامعی که تاکنون وجود داشته‌اند، تاریخ مبارزات طبقاتی است۔

Hombre libre y esclavo, patricio y plebeyo, señor y siervo, maestro de gremio y oficial

فریمن و برده،اشراف زاده و مردم ،لرد و رعیت ،استاد صنفی و مسافر

en una palabra, opresor y oprimido

در یک کلمه،ستمگر و سرکوب شده

Estas clases sociales estaban en constante oposición entre sí

این طبقات اجتماعی همواره در مخالفت با یکدیگر ایستاده بودند

Llevaron a cabo una lucha ininterrumpida. Ahora oculto, ahora abierto

انها به یک نبرد بی وقفه ادامه دادند۔حالا پنهان ،حالا باز

una lucha que terminó en una reconstitución revolucionaria de la sociedad en general

مبارزه ای که یا به یک بازسازی انقلابی جامعه به طور کلی به پایان رسید۔

o una lucha que terminó en la ruina común de las clases contendientes

یا جنگی که به نابودی مشترک طبقات رقیب منتهی میشد

Echemos la vista atrás a las épocas anteriores de la historia

بیایید به گذشتههای پیشین تاریخ بنگریم

Encontramos casi en todas partes una complicada organización de la sociedad en varios órdenes

ما تقریبا در همه جا یک نظم پیچیده از جامعه را به ترتیب های مختلف می بینیم

Siempre ha habido una múltiple gradación de rango social

همیشه درجه بندی چندگانه ای از رتبه اجتماعی وجود داشته است

En la antigua Roma tenemos patricios, caballeros, plebeyos, esclavos

در روم باستان ما اشراف زاده ها،شوالیه ها ،مردم ،بردگان داریم

en la Edad Media: señores feudales, vasallos, maestros de gremios, oficiales, aprendices, siervos

در قرون وسطی: اربابان فئودال،رعیت ،استادان صنفی ،مسافران ، کاراموزان،رعیت ها

En casi todas estas clases, de nuevo, las gradaciones subordinadas

تقریبا در تمام این کلاسها،دوباره ،درجهبندیهای فرعی

La sociedad burguesa moderna ha brotado de las ruinas de la sociedad feudal

جامعه بورژوازی مدرن از ویرانه های جامعه فئودالی جوانه زده است

Pero este nuevo orden social no ha eliminado los antagonismos de clase

اما این نظم اجتماعی جدید خصومتهای طبقاتی را از بین نمی برد

No ha hecho más que establecer nuevas clases y nuevas condiciones de opresión

فقط طبقات جدید و شرایط جدید سرکوب را ایجاد کرده است

Ha establecido nuevas formas de lucha en lugar de las antiguas

به جای ان کهن اشکال جدیدی از مبارزه ایجاد کرده است

Sin embargo, la época en la que nos encontramos posee un rasgo distintivo

با این حال، دوره ای که ما خودمان را در ان می بینیم دارای یک ویژگی متمایز است

la época de la burguesía ha simplificado los antagonismos de clase

عصر بورژوازی تضادهای طبقاتی را ساده کرده است

La sociedad en su conjunto se divide cada vez más en dos grandes campos hostiles

جامعه به عنوان یک کل بیشتر و بیشتر به دو اردوگاه بزرگ خصمانه تقسیم می شود

dos grandes clases sociales enfrentadas directamente: la burguesía y el proletariado

دو طبقه بزرگ اجتماعی که مستقیما روبروی هم قرار دارند :بورژوازی و پرولتاریا

De los siervos de la Edad Media surgieron los burgueses de las primeras ciudades

از رعایای قرون وسطی، دهات اجاره شده شهرهای اولیه به وجود امده بود

A partir de estos burgueses se desarrollaron los primeros elementos de la burguesía

از این برگها نخستین عناصر بورژوازی به وجود امده بود

El descubrimiento de América y el doblamiento del Cabo

کشف امریکا و گرد کردن دماغه

estos acontecimientos abrieron un nuevo terreno para la burguesía en ascenso

این حوادث زمینهای تازه را برای بورژوازی در حال رشد باز کرد

Los mercados de las Indias Orientales y China, la colonización de América, el comercio con las colonias

بازارهای هند شرقی و چین،استعمار امریکا ،تجارت با مستعمرات

el aumento de los medios de cambio y de las mercancías en general

افزایش در ابزار مبادله و در کالاها به طور کلی

Estos acontecimientos dieron al comercio, a la navegación y a la industria un impulso nunca antes conocido

این رویدادها به تجارت، دریانوردی و صنعت انگیزهای داد که پیش از این هرگز شناخته نشده بود۔

Dio un rápido desarrollo al elemento revolucionario en la tambaleante sociedad feudal

این امر به سرعت به عنصر انقلابی در جامعه فئودالی متزلزل تبدیل شد

Los gremios cerrados habían monopolizado el sistema feudal de producción industrial

اصناف بسته نظام فئودالی تولید صنعتی را در انحصار خود گرفته بودند

Pero esto ya no bastaba para satisfacer las crecientes necesidades de los nuevos mercados

اما این دیگر برای افزایش خواسته های بازارهای جدید کافی نبود

El sistema manufacturero sustituyó al sistema feudal de la industria

نظام تولید جای نظام فئودالی صنعت را گرفت

Los maestros de gremio fueron empujados a un lado por la clase media manufacturera

استادان صنفی توسط طبقه متوسط تولیدی به یک طرف هل داده شدند

La división del trabajo entre los diferentes gremios
corporativos desapareció

تقسیم کار بین اصناف مختلف شرکت ها ناپدید شد

La división del trabajo penetraba en cada uno de los talleres

تقسیم کار در تک تک کارگاهها نفوذ کرد

Mientras tanto, los mercados seguían creciendo y la
demanda seguía aumentando

در همین حال، بازارها همچنان در حال رشد بودند و تقاضا همیشه
افزایش می یافت

Ni siquiera las fábricas bastaban para satisfacer las
demandas

حتی کارخانهها هم دیگر برای براورده کردن خواستهها کفایت نمیکنند.

A partir de entonces, el vapor y la maquinaria
revolucionaron la producción industrial

پس از ان،بخار و ماشین الات انقلابی در تولید صنعتی ایجاد کردند

El lugar de la manufactura fue ocupado por el gigante, la
Industria Moderna

محل تولید توسط غول پیکر،صنعت مدرن گرفته شده است

El lugar de la clase media industrial fue ocupado por
millonarios industriales

میلیونرهای صنعتی جای طبقه متوسط صنعتی را گرفتند

el lugar de los jefes de ejércitos industriales enteros fue
ocupado por la burguesía moderna

بورژوازی مدرن جای رهبران کل ارتشهای صنعتی را گرفت

el descubrimiento de América allanó el camino para que la
industria moderna estableciera el mercado mundial

کشف امریکا راه را برای صنعت مدرن برای ایجاد بازار جهانی هموار
کرد

Este mercado dio un inmenso desarrollo al comercio, la
navegación y la comunicación por tierra

این بازار توسعه عظیمی به تجارت، ناوبری و ارتباطات از راه زمینی
داد۔

Este desarrollo ha repercutido, en su momento, en la
extensión de la industria

این توسعه،در زمان خود ،در گسترش صنعت واکنش نشان داده است

Reaccionó en proporción a cómo se extendía la industria, y cómo se extendían el comercio, la navegación y los ferrocarriles

نسبت به چگونگی گسترش صنعت و چگونگی گسترش تجارت، ناوبری و راه اهن واکنش نشان داد.

en la misma proporción en que la burguesía se desarrolló, aumentó su capital

به همان نسبتی که بورژوازی توسعه داد،سرمایه خود را افزایش دادند

y la burguesía relegó a un segundo plano a todas las clases heredadas de la Edad Media

و بورژوازی هر طبقهای را که از قرون وسطی به دست امده بود به پیشزمینه هل میداد

por lo tanto, la burguesía moderna es en sí misma el producto de un largo curso de desarrollo

بنابراین بورژوازی مدرن خود محصول یک دوره طولانی توسعه است.

Vemos que es una serie de revoluciones en los modos de producción y de intercambio

ما میبینیم که این یک سلسله انقلابها در شیوههای تولید و مبادله است.

Cada paso de la burguesía desarrollista iba acompañado de un avance político correspondiente

هر گام رشدی بورژوازی با یک پیشرفت سیاسی متناظر همراه بود

Una clase oprimida bajo el dominio de la nobleza feudal

یک طبقه سرکوب شده تحت سلطه اشراف فئودالی

una asociación armada y autónoma en la comuna medieval

یک انجمن مسلح و خودگردان در کمون قرون وسطی

aquí, una república urbana independiente (como en Italia y Alemania)

در اینجا،یک جمهوری شهری مستقل)مانند ایتالیا و المان(

allí, un "tercer estado" imponible de la monarquía (como en Francia)

در انجا،املاک سوم "مشمول مالیات سلطنت)مانند فرانسه("

posteriormente, en el período de fabricación propiamente dicho

پس از ان،در دوره تولید مناسب

la burguesía servía a la monarquía semifeudal o a la monarquía absoluta

بورژوازی یا به سلطنت نیمه فئودالی خدمت می کرد یا به سلطنت مطلقه

o la burguesía actuaba como contrapeso contra la nobleza

یا بورژوازی به عنوان ضدیت با اشراف عمل میکرد

y, de hecho, la burguesía era una piedra angular de las
grandes monarquías en general

و در واقع، بورژوازی سنگ گوشه ای از سلطنت های بزرگ به طور
کلی بود

pero la industria moderna y el mercado mundial se
establecieron desde entonces

اما صنعت مدرن و بازار جهانی از ان زمان به بعد خود را تثبیت کرد۔

y la burguesía ha conquistado para sí el dominio político
exclusivo

و بورژوازی برای خود سلطه سیاسی انحصاری را فتح کرده است

logró esta influencia política a través del Estado
representativo moderno

این نفوذ سیاسی را از طریق دولت نماینده مدرن به دست اورد

Los ejecutivos del Estado moderno no son más que un
comité de gestión

مدیران دولت مدرن فقط یک کمیته مدیریتی هستند

y manejan los asuntos comunes de toda la burguesía

و امور مشترک کل بورژوازی را اداره میکنند

La burguesía, históricamente, ha desempeñado un papel
muy revolucionario

بورژوازی،از لحاظ تاریخی ،انقلابی ترین نقش را ایفا کرده است ۔

Dondequiera que se impuso, puso fin a todas las relaciones
feudales, patriarcales e idílicas

هر جا که دست بالا را می گرفت،به تمام روابط فئودالی ، پدرسالارانه
و روستایی پایان می داد۔

Ha roto sin piedad los abigarrados lazos feudales que unían
al hombre con sus "superiores naturales"

این بی رحمانه روابط فئودالی رنگارنگ را که انسان را به "مافوق
طبیعی "خود متصل می کند،پاره کرده است ۔

y no ha dejado ningún nexo entre el hombre y el hombre,
más allá del puro interés propio

و هیچ ارتباطی بین انسان و انسان باقی نمانده است، به جز منافع
شخصی برهنه

Las relaciones del hombre entre sí se han convertido en nada
más que un cruel "pago en efectivo"

روابط انسان با یکدیگر چیزی بیش از "پرداخت نقدی "بی رحمانه نیست

Ha ahogado los éxtasis más celestiales del fervor religioso

این شور و شوق اسمانی ترین شور و شوق مذهبی را غرق کرده است

ha ahogado el entusiasmo caballeresco y el sentimentalismo
filisteo

شور و شوق جوانمردانه و احساسات بیفرهنگی را غرق کرده است

ha ahogado estas cosas en el agua helada del cálculo egoísta

این چیزها را در اب یخ زده محاسبات خودخواهانه غرق کرده است

Ha resuelto el valor personal en valor de cambio

ارزش شخصی را به ارزش قابل مبادله تبدیل کرده است.

Ha sustituido a las innumerables e imprescriptibles
libertades estatutarias

این ازادیهای بی شمار و غیر قابل انکار را جایگزین کرده است

y ha establecido una libertad única e inconcebible; Libre
cambio

و یک ازادی واحد و غیرمنطقی ایجاد کرده است.تجارت ازاد

En una palabra, lo ha hecho para la explotación

در یک کلمه،این کار را برای بهره برداری انجام داده است

explotación velada por ilusiones religiosas y políticas

استثماری که با توهمات مذهبی و سیاسی پوشیده شده بود

explotación velada por una explotación desnuda,
desvergonzada, directa, brutal

استثمار پوشیده از استثمار برهنه،بی شرمانه ،مستقیم و وحشیانه

la burguesía ha despojado de la aureola a todas las
ocupaciones anteriormente honradas y veneradas

بورژوازی هاله را از هر اشغالی که قبلا مورد احترام و احترام قرار
گرفته است،برداشته است

el médico, el abogado, el sacerdote, el poeta y el hombre de
ciencia

پزشک،وکیل ،کشیش ،شاعر و مرد علم

Ha convertido a estos distinguidos trabajadores en sus
trabajadores asalariados

این کارگران برجسته را به کارگران مزدبگیر خود تبدیل کرده است

La burguesía ha rasgado el velo sentimental de la familia

بورژوازی حجاب احساسی را از خانواده جدا کرده است

y ha reducido la relación familiar a una mera relación monetaria

و رابطه خانوادگی را به یک رابطه پولی صرف تقلیل داده است

el brutal despliegue de vigor en la Edad Media que tanto admiran los reaccionarios

نمایش وحشیانه قدرت در قرون وسطی که ارتجاعیان ان را بسیار تحسین میکنند

Aun esto encontró su complemento adecuado en la más perezosa indolencia

حتی این کار هم در تنبلی و تنبلی کامل بود

La burguesía ha revelado cómo sucedió todo esto

بورژوازی فاش کرده است که چگونه همه اینها به وقوع می انجامد

La burguesía ha sido la primera en mostrar lo que la actividad del hombre puede producir

بورژوازی نخستین کسی بود که نشان داد فعالیت انسان چه چیزی میتواند به بار اورد۔

Ha logrado maravillas que superan con creces las pirámides egipcias, los acueductos romanos y las catedrales góticas

این شگفتی ها به مراتب فراتر از اهرام مصر، قنات های رومی و کلیساهای گوتیک است۔

y ha llevado a cabo expediciones que han hecho sombra a todos los antiguos Éxodos de naciones y cruzadas

و سفرهایی را انجام داده است که تمام خروجهای پیشین ملتها و جنگهای صلیبی را در سایه قرار داده است

La burguesía no puede existir sin revolucionar constantemente los instrumentos de producción

بورژوازی نمیتواند بدون انقلابی مداوم در ابزارهای تولید وجود داشته باشد۔

y, por lo tanto, no puede existir sin sus relaciones con la producción

و از این طریق نمیتواند بدون روابطش با تولید وجود داشته باشد۔

y, por lo tanto, no puede existir sin sus relaciones con la sociedad

و از این رو نمیتواند بدون روابطش با جامعه وجود داشته باشد

Todas las clases industriales anteriores tenían una condición en común

تمام طبقات صنعتی پیشین یک شرط مشترک داشتند

Confiaban en la conservación de los antiguos modos de producción

انها متکی به حفظ شیوه‌های قدیمی تولید بودند

pero la burguesía trajo consigo una dinámica completamente nueva

اما بورژوازی با ان یک پویایی کاملا جدید به ارمغان اورد

Revolucionar constantemente la producción y perturbar ininterrumpidamente todas las condiciones sociales

انقلاب مداوم تولید و اختلال بی وقفه در تمام شرایط اجتماعی

esta eterna incertidumbre y agitación distingue a la época burguesa de todas las anteriores

این عدم قطعیت و تحریک ابدی، دوران بورژوازی را از همه دورانهای پیشین متمایز میکند.

Las relaciones previas con la producción vinieron acompañadas de antiguos y venerables prejuicios y opiniones

روابط قبلی با تولید با تعصبات و عقاید قدیمی و محترمی همراه بود

Pero todas estas relaciones fijas y congeladas son barridas

اما تمام این روابط ثابت و سریع یخ زده از بین می رود

Todas las relaciones recién formadas se vuelven anticuadas antes de que puedan osificarse

تمام روابط جدید قبل از اینکه بتوانند استخوانی شوند،قدیمی می شوند

Todo lo que es sólido se derrite en el aire, y todo lo que es santo es profanado

هر چه جامد است در هوا ذوب می شود و هر چه مقدس است بی حرمتی می شود.

El hombre se ve finalmente obligado a afrontar con sus sentidos sobrios sus verdaderas condiciones de vida

انسان در نهایت مجبور است با حواس هوشیار، شرایط واقعی زندگی خود روبرو شود

y se ve obligado a afrontar sus relaciones con los de su especie

و مجبور است با همنوعان خود رو به رو شود

La burguesía necesita constantemente ampliar sus mercados para sus productos

بورژوازی دائما باید بازارهای خود را برای محصولاتش گسترش دهد۔

y, debido a esto, la burguesía es perseguida por toda la superficie del globo

و به همین دلیل،بورژوازی در سراسر سطح جهان تعقیب می شود

La burguesía debe anidar en todas partes, establecerse en todas partes, establecer conexiones en todas partes

بورژوازی باید در همه جا لانه کند،در همه جا مستقر شود ، در همه جا ارتباط برقرار کند۔

La burguesía debe crear mercados en todos los rincones del mundo para explotar

بورژوازی باید بازارهایی را در هر گوشه ای از جهان برای بهره برداری ایجاد کند۔

La producción y el consumo en todos los países han adquirido un carácter cosmopolita

تولید و مصرف در هر کشور یک شخصیت جهانی داده شده است

el disgusto de los reaccionarios es palpable, pero ha continuado a pesar de todo

غم و اندوه ارتجاعی ها قابل لمس است، اما بدون در نظر گرفتن ان ادامه یافته است

La burguesía ha sacado de debajo de los pies de la industria el terreno nacional en el que se encontraba

بورژوازی از زیر پای صنعت،زمینه ملی را که در ان ایستاده بود ، به دست اورده است۔

Todas las industrias nacionales de vieja data han sido destruidas, o están siendo destruidas diariamente

تمام صنایع ملی قدیمی نابود شده اند یا روزانه نابود می شوند

Todas las viejas industrias nacionales son desplazadas por las nuevas industrias

تمام صنایع ملی قدیمی توسط صنایع جدید از بین می رود

Su introducción se convierte en una cuestión de vida o muerte para todas las naciones civilizadas

معرفی انها تبدیل به یک مسئله مرگ و زندگی برای همه ملت های متمدن می شود

son desalojados por industrias que ya no trabajan con
materia prima autóctona

انها توسط صنایعی که دیگر مواد خام بومی را کار نمی کنند، از بین
می رود

En cambio, estas industrias extraen materias primas de las
zonas más remotas

در عوض،این صنایع مواد خام را از دور افتاده ترین مناطق می کشند

industrias cuyos productos se consumen, no solo en el país,
sino en todos los rincones del mundo

صنایعی که محصولات انها نه تنها در خانه بلکه در هر چهارم جهان
مصرف می شود

En lugar de las viejas necesidades, satisfechas por las
producciones del país, encontramos nuevas necesidades

به جای خواسته های قدیمی،که از تولیدات کشور راضی هستند ،
خواسته های جدیدی پیدا می کنیم۔

Estas nuevas necesidades requieren para su satisfacción los
productos de tierras y climas lejanos

این احتیاجات جدید برای ارضای انها به فراوردههای سرزمینهای
دوردست و اقلیمها نیاز دارد

En lugar de la antigua reclusión y autosuficiencia local y
nacional, tenemos el comercio

به جای انزوا و خودکفایی قدیمی محلی و ملی،ما تجارت داریم

intercambio internacional en todas las direcciones;
Interdependencia universal de las naciones

تبادل بین المللی در هر جهت وابستگی جهانی ملتها

Y así como dependemos de los materiales, también
dependemos de la producción intelectual

و همانطور که ما به مواد وابسته هستیم،ما به تولید فکری وابسته هستیم

Las creaciones intelectuales de las naciones individuales se
convierten en propiedad común

خلاقیت های فکری ملت ها به مالکیت مشترک تبدیل می شوند

La unilateralidad nacional y la estrechez de miras se vuelven
cada vez más imposibles

یک طرفه بودن و کوته فکری ملی بیشتر و بیشتر غیرممکن می شود

y de las numerosas literaturas nacionales y locales, surge una
literatura mundial

و از ادبیات ملی و محلی متعدد،ادبیات جهانی بوجود می اید

por el rápido perfeccionamiento de todos los instrumentos de producción

با بهبود سریع تمام ابزارهای تولید

por los medios de comunicación inmensamente facilitados

سوگند به ان که بسیار اسان است،

La burguesía atrae a todos (incluso a las naciones más bárbaras) a la civilización

بورژوازی همه)حتی وحشی ترین ملت ها (را به تمدن می کشاند

Los precios baratos de sus mercancías; la artillería pesada que derriba todas las murallas chinas

قیمت ارزان کالاهای ان توپخانه سنگین که تمام دیوارهای چینی را ویران می کند

El odio intensamente obstinado de los bárbaros hacia los extranjeros se ve obligado a capitular

نفرت سرسختانه بربرها از خارجیها مجبور به تسلیم شدن است

Obliga a todas las naciones, bajo pena de extinción, a adoptar el modo de producción burgués

این همه ملت ها را مجبور می کند،در درد انقراض ، شیوه تولید بورژوازی را اتخاذ کنند

los obliga a introducir lo que llama civilización en su seno

انها را مجبور می کند تا انچه را که تمدن می نامد به میان خود معرفی کنند

La burguesía obliga a los bárbaros a convertirse ellos mismos en burgueses

بورژوازی بربرها را مجبور می کند تا خود بورژوازی شوند

en una palabra, la burguesía crea un mundo a su imagen y semejanza

در یک کلام،بورژوازی دنیایی را پس از تصویر خود ایجاد می کند

La burguesía ha sometido el campo al dominio de las ciudades

بورژوازی روستا را تابع حکومت شهرها کرده است

Ha creado enormes ciudades y ha aumentado considerablemente la población urbana

شهرهای بزرگی ایجاد کرده و جمعیت شهری را به شدت افزایش داده است۔

Rescató a una parte considerable de la población de la idiotez de la vida rural

بخش قابل توجهی از جمعیت را از حماقت زندگی روستایی نجات داد

pero ha hecho que los del campo dependan de las ciudades

اما باعث شده است که کسانی که در حومه شهر هستند وابسته به شهر ها باشند

y asimismo, ha hecho que los países bárbaros dependan de los civilizados

و به همین ترتیب، کشور های بربر را وابسته به کشور های متمدن کرده است

naciones de campesinos sobre naciones de la burguesía, el Este sobre el Oeste

ملت های دهقانان در کشور های بورژوازی،شرق در غرب

La burguesía suprime cada vez más el estado disperso de la población

بورژوازی هر روز بیشتر و بیشتر وضعیت پراکنده مردم را از بین می برد

Ha aglomerado la producción y ha concentrado la propiedad en pocas manos

تولید را افزایش داده و مالکیت را در چند دست متمرکز کرده است

La consecuencia necesaria de esto fue la centralización política

نتیجه ضروری این امر تمرکز سیاسی بود.

Había habido naciones independientes y provincias poco conectadas

ملتهای مستقل و استانهای ببیند و بار دیگر به هم وصل بودند

Tenían intereses, leyes, gobiernos y sistemas tributarios separados

انها منافع،قوانین ،دولت ها و سیستم های مالیاتی جداگانه ای داشتند

pero se han agrupado en una sola nación, con un solo gobierno

اما انها با هم به یک ملت تبدیل شده اند،با یک دولت

Ahora tienen un interés nacional de clase, una frontera y un arancel aduanero

انها اکنون یک منافع طبقاتی ملی،یک مرز و یک تعرفه گمرکی دارند .

Y este interés nacional de clase está unificado bajo un solo código de leyes

و این منافع طبقاتی ملی تحت یک قانون متحد می شود

la burguesía ha logrado mucho durante su gobierno de apenas cien años

بورژوازی در طول حکومت صد ساله خود دستاوردهای زیادی کسب کرده است

fuerzas productivas más masivas y colosales que todas las generaciones precedentes juntas

نیروهای تولیدی عظیم تر و عظیم تر از همه نسل های قبلی با هم

Las fuerzas de la naturaleza están subyugadas a la voluntad del hombre y su maquinaria

نیروهای طبیعت مطیع اراده انسان و ماشین او هستند

La química se aplica a todas las formas de industria y tipos de agricultura

شیمی به تمام اشکال صنعت و انواع کشاورزی اعمال می شود

la navegación a vapor, los ferrocarriles, los telégrafos eléctricos y la imprenta

ناوبری بخار،راه اهن ،تلگراف الکتریکی و دستگاه چاپ

desbroce de continentes enteros para el cultivo, canalización de ríos

پاکسازی کل قاره ها برای کشت،کانالیزه کردن رودخانه ها

Poblaciones enteras han sido sacadas de la tierra y puestas a trabajar

تمام جمعیت از زمین بیرون اورده شده و به کار گرفته شده است

¿Qué siglo anterior tuvo siquiera un presentimiento de lo que podría desencadenarse?

چه قرنی پیش حتی تصوری از انچه که می توانست ازاد شود داشت؟

¿Quién predijo que tales fuerzas productivas dormitaban en el regazo del trabajo social?

چه کسی پیشبینی کرده بود که چنین نیروهای تولیدی در دامان کار اجتماعی خفتهاند؟

Vemos, pues, que los medios de producción y de intercambio se generaban en la sociedad feudal

در این صورت میبینیم که وسائل تولید و مبادله در جامعه فئودالی تولید شده است

los medios de producción sobre cuyos cimientos se construyó la burguesía

وسایل تولید که بورژوازی بر پایه ان بنا شده بود

En una determinada etapa del desarrollo de estos medios de producción y de intercambio

در مرحله معینی از توسعه این وسایل تولید و مبادله

las condiciones bajo las cuales la sociedad feudal producía e intercambiaba

شرایطی که جامعه فئودالی تحت ان تولید و مبادله می کرد

La organización feudal de la agricultura y la industria manufacturera

سازمان فئودالی کشاورزی و صنعت تولید

Las relaciones feudales de propiedad ya no eran compatibles con las condiciones materiales

مناسبات فئودالی مالکیت دیگر با شرایط مادی سازگار نبود

Tuvieron que ser reventados en pedazos, por lo que fueron reventados en pedazos

انها باید از هم جدا میشدند،بنابراین از هم جدا میشدند ۔

En su lugar entró la libre competencia de las fuerzas productivas

به جای انها رقابت ازاد از نیروهای مولد

y fueron acompañadas de una constitución social y política adaptada a ella

و انها با یک قانون اساسی اجتماعی و سیاسی سازگار با ان همراه بودند

y fue acompañado por el dominio económico y político de la burguesía

و با نفوذ اقتصادی و سیاسی طبقه بورژوازی همراه بود

Un movimiento similar está ocurriendo ante nuestros propios ojos

یک حرکت مشابه در مقابل چشمان ما در حال انجام است

La sociedad burguesa moderna con sus relaciones de producción, de intercambio y de propiedad

جامعه بورژوازی مدرن با روابط تولید و مبادله و مالکیت

una sociedad que ha conjurado medios de producción y de intercambio tan gigantescos

جامعهای که چنین ابزار عظیم تولید و مبادلهای را به وجود اورده است

Es como el hechicero que invocó los poderes del mundo inferior

مثل جادوگریه که قدرتهای دنیای رو احضار کرده

Pero ya no es capaz de controlar lo que ha traído al mundo

اما او دیگر قادر نیست انچه را که به جهان اورده است کنترل کند

Durante muchas décadas, la historia pasada estuvo unida por un hilo conductor

برای چندین دهه تاریخ گذشته توسط یک موضوع مشترک به هم گره خورده بود

La historia de la industria y del comercio no ha sido más que la historia de las revueltas

تاریخ صنعت و تجارت چیزی جز تاریخ طغیان نبوده است

las revueltas de las fuerzas productivas modernas contra las condiciones modernas de producción

شورش نیروهای تولیدی مدرن علیه شرایط مدرن تولید

Las revueltas de las fuerzas productivas modernas contra las relaciones de propiedad

شورش نیروهای مولد مدرن علیه روابط مالکیت

estas relaciones de propiedad son las condiciones para la existencia de la burguesía

این مناسبات مالکیت،شرایط وجود بورژوازی است ۔

y la existencia de la burguesía determina las reglas de las relaciones de propiedad

و وجود بورژوازی قواعد روابط مالکیت را تعیین میکند۔

Baste mencionar el retorno periódico de las crisis comerciales

کافی است به بازگشت دوره ای بحرانهای تجاری اشاره کنیم

cada crisis comercial es más amenazante para la sociedad burguesa que la anterior

هر بحران تجاری برای جامعه بورژوازی بیشتر از بحران قبلی تهدید کننده است۔

En estas crisis se destruye gran parte de los productos existentes

در این بحران ها بخش بزرگی از محصولات موجود نابود می شوند۔

Pero estas crisis también destruyen las fuerzas productivas previamente creadas

اما این بحران ها همچنین نیروهای تولیدی که قبلا ایجاد شده اند را از بین می برد۔

En todas las épocas anteriores, estas epidemias habrían parecido un absurdo

در تمام دورههای پیشین این بیماری همهگیر به نظر مضحک میامد

porque estas epidemias son las crisis comerciales de la sobreproducción

زیرا این اپیدمی ها بحران های تجاری تولید بیش از حد هستند

De repente, la sociedad se encuentra de nuevo en un estado de barbarie momentánea

جامعه ناگهان خود را به حالت بربریت لحظه ای باز می گرداند

como si una guerra universal de devastación hubiera cortado todos los medios de subsistencia

گویی جنگ جهانی ویرانی تمام وسایل معاش را قطع کرده است

la industria y el comercio parecen haber sido destruidos; ¿Y por qué?

به نظر می رسد صنعت و تجارت نابود شده است۔و چرا؟

Porque hay demasiada civilización y medios de subsistencia

زیرا تمدن و وسایل معیشت بیش از حد وجود دارد

y porque hay demasiada industria y demasiado comercio

و از انجا که صنعت بیش از حد و تجارت بیش از حد وجود دارد

Las fuerzas productivas a disposición de la sociedad ya no desarrollan la propiedad burguesa

نیروهای مولد در اختیار جامعه دیگر مالکیت بورژوازی را توسعه نمی دهند

por el contrario, se han vuelto demasiado poderosos para estas condiciones, por las cuales están encadenados

برعکس،انها برای این شرایط بیش از حد قدرتمند شده اند ، که توسط انها بسته شده است

tan pronto como superan estas cadenas, traen el desorden a toda la sociedad burguesa

به محض اینکه بر این زنجیرها غلبه کنند، بی نظمی را به کل جامعه بورژوازی وارد می کنند۔

y las fuerzas productivas ponen en peligro la existencia de la propiedad burguesa

و نیروهای مولد وجود مالکیت بورژوازی را به خطر میاندازند۔

Las condiciones de la sociedad burguesa son demasiado estrechas para abarcar la riqueza creada por ellas

شرایط جامعه بورژوازی محدودتر از ان است که ثروت ایجاد شده توسط انها را در بر بگیرد.

¿Y cómo supera la burguesía estas crisis?

بورژوازی چگونه بر این بحرانها غلبه میکند؟

Por un lado, supera estas crisis mediante la destrucción forzada de una masa de fuerzas productivas

از یک طرف، با تخریب اجباری توده ای از نیروهای تولیدی بر این بحران ها غلبه می کند.

por otro lado, supera estas crisis mediante la conquista de nuevos mercados

از سوی دیگر،با فتح بازارهای جدید بر این بحران ها غلبه می کند ـ

y supera estas crisis mediante la explotación más completa de las viejas fuerzas productivas

و با بهرهبرداری کاملتر از نیروهای کهن تولید بر این بحرانها فائق میشود

Es decir, allanando el camino para crisis más extensas y destructivas

یعنی با هموار کردن راه برای بحرانهای گستردهتر و مخربتر

supera la crisis disminuyendo los medios para prevenir las crisis

این بحران را با کاهش وسایلی که به وسیله ان از بحران جلوگیری می شود،غلبه می کند

Las armas con las que la burguesía derribó el feudalismo se vuelven ahora contra sí misma

سلاحهایی که بورژوازی با انها فئوداليسم را به زمین انداخت، اکنون علیه خود تبدیل شده است.

Pero la burguesía no sólo ha forjado las armas que le dan la muerte

اما نه تنها بورژوازی سلاح هایی را که مرگ را برای خود به ارمغان می اورد،ساخته است ـ

También ha llamado a la existencia a los hombres que han de empuñar esas armas

همچنین مردانی را که باید از این سلاحها استفاده کنند به وجود اورده است

Y estos hombres son la clase obrera moderna; Son los proletarios

و این مردان طبقه کارگر مدرن هستند.انها پرولترها هستند

En la misma proporción en que se desarrolla la burguesía, en la misma proporción se desarrolla el proletariado

به نسبتی که بورژوازی توسعه می یابد، پرولتاریا به همان نسبت توسعه می یابد.

La clase obrera moderna desarrolló una clase de trabajadores

طبقه کارگر مدرن طبقه کارگر را توسعه داد

Esta clase de obreros vive sólo mientras encuentran trabajo

این طبقه از کارگران فقط تا زمانی که کار پیدا می کنند زندگی می کنند

y sólo encuentran trabajo mientras su trabajo aumenta el capital

و فقط تا زمانی کار پیدا میکنند که کارشان سرمایه را افزایش دهد

Estos obreros, que deben venderse a destajo, son una mercancía

این کارگران،که باید خود را تکه تکه غذا بفروشند ،یک کالا هستند

Estos obreros son como cualquier otro artículo de comercio

این کارگران مانند هر نوع تجارت دیگری هستند

y, en consecuencia, están expuestos a todas las vicisitudes de la competencia

و در نتیجه در معرض همه فراز و نشیبهای رقابت قرار میگیرند

Tienen que capear todas las fluctuaciones del mercado

انها باید تمام نوسانات بازار را تحمل کنند

Debido al uso extensivo de maquinaria y a la división del trabajo

با توجه به استفاده گسترده از ماشین الات و تقسیم کار

El trabajo de los proletarios ha perdido todo carácter individual

کار پرولترها تمام خصوصیات فردی خود را از دست داده است

y, en consecuencia, el trabajo de los proletarios ha perdido todo encanto para el obrero

و در نتیجه، کار پرولترها تمام جذابیت خود را برای کارگر از دست داده است

Se convierte en un apéndice de la máquina, en lugar del hombre que una vez fue

او به جای مردی که زمانی بود،ضمیمه ماشین می شود .

Sólo se requiere de él la habilidad más simple, monótona y más fácil de adquirir

فقط سادهترین،یکنواختترین و اسانتر به دست امده از او لازم است

Por lo tanto, el costo de producción de un trabajador está restringido

از این رو،هزینه تولید یک کار محدود است .

se restringe casi por completo a los medios de subsistencia que necesita para su manutención

تقریبا به طور کامل به وسایل معیشتی که او برای نگهداری خود نیاز دارد محدود شده است

y se restringe a los medios de subsistencia que necesita para la propagación de su raza

و این امر به وسایل معیشتی که او برای تبلیغ نژاد خود نیاز دارد محدود میشود

Pero el precio de una mercancía, y por lo tanto también del trabajo, es igual a su costo de producción

اما قیمت یک کالا و در نتیجه کار برابر با هزینه تولید ان است۔

Por lo tanto, a medida que aumenta la repulsividad del trabajo, disminuye el salario

بنابراین،به نسبت ،با افزایش نفرت انگیز بودن کار ، دستمزد کاهش می یابد۔

Es más, la repulsión de su obra aumenta a un ritmo aún mayor

نه،نفرت انگیز بودن کار او با سرعت بیشتری افزایش می یابد

A medida que aumenta el uso de maquinaria y la división del trabajo, también lo hace la carga del trabajo

همانطور که استفاده از ماشین الات و تقسیم کار افزایش می یابد، بار کار نیز افزایش می یابد

La carga del trabajo se incrementa con la prolongación de las horas de trabajo

بار کار با طولانی شدن ساعات کار افزایش می یابد

Se espera más del obrero en el mismo tiempo que antes

انتظار می رود که کارگر در همان زمان قبل

Y, por supuesto, la carga del trabajo aumenta por la velocidad de la maquinaria

و البته بار کار با سرعت ماشین الات افزایش می یابد

La industria moderna ha convertido el pequeño taller del amo patriarcal en la gran fábrica del capitalista industrial

صنعت مدرن کارگاه کوچک استاد پدرسالار را به کارخانه بزرگ سرمایهدار صنعتی تبدیل کرده است.

Las masas de obreros, hacinados en la fábrica, están organizadas como soldados

توده های کارگری که در کارخانه جمع شده اند، مانند سربازان سازماندهی می شوند۔

Como soldados rasos del ejército industrial están bajo el mando de una jerarquía perfecta de oficiales y sargentos

انها به عنوان سربازان ارتش صنعتی تحت فرماندهی یک سلسله مراتب کامل از افسران و گروهبانان قرار می گیرند

no sólo son esclavos de la burguesía y del Estado

انها نه تنها بردگان طبقه بورژوازی و دولت هستند

pero también son esclavizados diariamente y cada hora por la máquina

اما انها همچنین روزانه و ساعتی توسط دستگاه به بردگی گرفته می شوند

están esclavizados por el vigilante y, sobre todo, por el propio fabricante burgués

انها توسط بیش از حد نگاه کننده و بالاتر از همه توسط خود تولید کننده بورژوازی فردی برده می شوند۔

Cuanto más abiertamente proclama este despotismo que la ganancia es su fin y su fin, tanto más mezquino, más odioso y más amargo es

هر چه این استبداد اشکارا اعلام کند که سود هدف و هدف ان است، کوچک تر،نفرت انگیزتر و تلخ تر است .

Cuanto más se desarrolla la industria moderna, menores son las diferencias entre los sexos

هر چه صنعت مدرن تر توسعه یابد،تفاوت بین جنس ها کمتر است .

Cuanto menor es la habilidad y el ejercicio de la fuerza implícitos en el trabajo manual, tanto más el trabajo de los hombres es reemplazado por el de las mujeres

هر چه مهارت و اعمال قدرت در کار دستی کمتر باشد، کار مردان بیشتر از زنان جایگزین می شود۔

Las diferencias de edad y sexo ya no tienen ninguna validez
social distintiva para la clase obrera

تفاوت سن و جنس دیگر هیچ اعتبار اجتماعی مشخصی برای طبقه
کارگر ندارد.

Todos son instrumentos de trabajo, más o menos costosos de
usar, según su edad y sexo

همه ابزار کار هستند،کم و بیش گران برای استفاده ، با توجه به سن و
جنس انها

tan pronto como el obrero recibe su salario en efectivo, es
atacado por las otras partes de la burguesía

به محض اینکه کارگر دستمزد خود را به صورت نقدی دریافت می
کند،توسط بخش های دیگر بورژوازی تعیین می شود

el propietario, el tendero, el prestamista, etc

صاحبخانه،مغازه دار ،دلال رهنی و غیره

Los estratos más bajos de la clase media; los pequeños
comerciantes y tenderos

اقشار پایین طبقه متوسط؛ تاجران کوچک و مغازه داران

los comerciantes jubilados en general, y los artesanos y
campesinos

به طور کلی بازرگانان بازنشسته و صنایع دستی و دهقانان

todo esto se hunde poco a poco en el proletariado

همه اینها به تدریج در پرولتاریا فرو می رفتند

en parte porque su minúsculo capital no basta para la escala
en que se desarrolla la industria moderna

تا حدودی به این دلیل که سرمایه کوچک انها برای مقیاسی که صنعت
مدرن در ان انجام می شود کافی نیست

y porque está inundada en la competencia con los grandes
capitalistas

و چون در رقابت با سرمایهداران بزرگ غرق شده است

en parte porque sus habilidades especializadas se vuelven
inútiles por los nuevos métodos de producción

بخشی از ان به این دلیل است که مهارت تخصصی انها با روشهای
جدید تولید بیارزش شده است.

De este modo, el proletariado es reclutado entre todas las
clases de la población

بدین ترتیب پرولتاریا از همه طبقات جمعیت استخدام می شود

El proletariado pasa por varias etapas de desarrollo

پرولتاریا مراحل مختلف تکامل را طی میکند

Con su nacimiento comienza su lucha con la burguesía

با تولد ان مبارزه خود را با بورژوازی اغاز می کند

Al principio, la contienda es llevada a cabo por trabajadores individuales

در ابتدا مسابقه توسط کارگران فردی انجام می شود

Entonces el concurso es llevado a cabo por los obreros de una fábrica

بعد از ان،کارگر کارخانهای مسابقه را ادامه خواهد داد

Entonces la contienda es llevada a cabo por los operarios de un oficio, en una localidad

سپس مسابقه توسط عاملان یک تجارت،در یک محل انجام می شود

y la contienda es entonces contra la burguesía individual que los explota directamente

و سپس مبارزه علیه بورژوازی فردی است که مستقیما انها را استثمار می کند

No dirigen sus ataques contra las condiciones de producción de la burguesía

انها حملات خود را نه علیه شرایط تولید بورژوازی هدایت میکنند.

pero dirigen su ataque contra los propios instrumentos de producción

بلکه خودشان به ابزار تولید حمله میکنند

destruyen mercancías importadas que compiten con su mano de obra

انها کالاهای وارداتی را که با کار انها رقابت می کنند،نابود می کنند

Hacen pedazos la maquinaria y prenden fuego a las fábricas

انها ماشین الات را خرد می کنند و کارخانه ها را به اتش می کشد

tratan de restaurar por la fuerza el estado desaparecido del obrero de la Edad Media

انها به دنبال بازگرداندن وضعیت از دست رفتهی کارگری قرون وسطی هستند

En esta etapa, los obreros forman todavía una masa incoherente dispersa por todo el país

در این مرحله کارگران هنوز یک توده نامنسجم را تشکیل می دهند که در سراسر کشور پراکنده است

y se rompen por su mutua competencia

و انها با رقابت متقابلشان از هم می پاشند

Si en alguna parte se unen para formar cuerpos más
compactos, esto no es todavía la consecuencia de su propia
unión activa

اگر انها در هر جایی متحد شوند تا بدن های جمع و جور بیشتری را
تشکیل دهند،این هنوز نتیجه اتحاد فعال خود انها نیست ۔

pero es una consecuencia de la unión de la burguesía, para
alcanzar sus propios fines políticos

اما این نتیجه اتحاد بورژوازی است که به اهداف سیاسی خود دست یابد

la burguesía se ve obligada a poner en movimiento a todo el
proletariado

بورژوازی مجبور است کل پرولتاریا را به حرکت دراورد

y además, por un momento, la burguesía es capaz de hacerlo

و علاوه بر این،برای مدتی ،بورژوازی قادر به انجام این کار است

Por lo tanto, en esta etapa, los proletarios no luchan contra
sus enemigos

بنابراین،در این مرحله ،پرولتاریا با دشمنان خود نمیجنگد ۔

sino que están luchando contra los enemigos de sus
enemigos

اما در عوض انها در حال مبارزه با دشمنان دشمنان خود هستند

la lucha contra los restos de la monarquía absoluta y los
terratenientes

مبارزه با بقایای سلطنت مطلقه و زمینداران

luchan contra la burguesía no industrial; la pequeña
burguesía

انها با بورژوازی غیر صنعتی میجنگند،خرده بورژوازی

De este modo, todo el movimiento histórico se concentra en
manos de la burguesía

بدین ترتیب تمام جنبش تاریخی در دست بورژوازی متمرکز شده است۔

cada victoria así obtenida es una victoria para la burguesía

هر پیروزی که به دست امده،پیروزی بورژوازی است ۔

Pero con el desarrollo de la industria, el proletariado no sólo
aumenta en número

اما با توسعه صنعت،پرولتاریا نه تنها تعداد انها را افزایش میدهد ۔

el proletariado se concentra en grandes masas y su fuerza crece

پرولتاریا در توده های بزرگتر متمرکز می شود و قدرت ان رشد می کند

y el proletariado siente cada vez más esa fuerza

و پرولتاریا این قدرت را بیشتر و بیشتر احساس می کند

Los diversos intereses y condiciones de vida en las filas del proletariado se igualan cada vez más

منافع و شرایط مختلف زندگی در صفوف پرولتاریا بیشتر و بیشتر برابر است۔

se vuelven más proporcionales a medida que la maquinaria borra todas las distinciones de trabajo

انها به همان اندازه که ماشین تمام تمایزات کار را از بین می برد، متناسب تر می شوند

y la maquinaria reduce los salarios al mismo nivel bajo en casi todas partes

و ماشین الات تقریبا در همه جا دستمزدها را به همان سطح پایین کاهش می دهد

La creciente competencia entre la burguesía, y las crisis comerciales resultantes, hacen que los salarios de los obreros sean cada vez más fluctuantes

رقابت فزاینده میان بورژوازی و بحرانهای تجاری ناشی از ان، دستمزد کارگران را بیش از پیش در نوسان قرار داده است۔

La mejora incesante de la maquinaria, que se desarrolla cada vez más rápidamente, hace que sus medios de vida sean cada vez más precarios

بهبود بی وقفه ماشین الات،که با سرعت بیشتری در حال توسعه است ، معیشت انها را بیشتر و بیشتر متزلزل می کند۔

los choques entre obreros individuales y burgueses individuales toman cada vez más el carácter de choques entre dos clases

تصاوت میان کارگران منفرد و بورژوازی هر روز بیشتر و بیشتر خصلت تصاممی بین دو طبقه را به خود می گیرد

A partir de ese momento, los obreros comienzan a formar uniones (sindicatos) contra la burguesía

از این رو کارگران شروع به شکل دادن به ترکیب)اتحادیههای کارگری (علیه بورژوازی میکنند۔

se agrupan para mantener el ritmo de los salarios

انها با هم باشگاه می کنند تا نرخ دستمزد را حفظ کنند

Fundaron asociaciones permanentes para hacer frente de antemano a estas revueltas ocasionales

انها انجمنهای دائمی تشکیل دادند تا از قبل برای این شورشهای گاه به گاه اماده شوند

Aquí y allá la contienda estalla en disturbios

اینجا و انجا مسابقه به شورش تبدیل می شود

De vez en cuando los obreros salen victoriosos, pero sólo por un tiempo

اکنون و پس از ان کارگران پیروز می شوند،اما فقط برای مدتی

El verdadero fruto de sus batallas no reside en el resultado inmediato, sino en la unión cada vez mayor de los trabajadores

ثمره واقعی نبردهای انها نه در نتیجه فوری، بلکه در اتحادیه در حال گسترش کارگران نهفته است۔

Esta unión se ve favorecida por la mejora de los medios de comunicación creados por la industria moderna

این اتحادیه با استفاده از وسایل ارتباطی بهبود یافته که توسط صنعت مدرن ایجاد می شود،کمک می کند ۔

La comunicación moderna pone en contacto a los trabajadores de diferentes localidades

ارتباطات مدرن کارگران مناطق مختلف را در تماس با یکدیگر قرار می دهد

Era precisamente este contacto el que se necesitaba para centralizar las numerosas luchas locales en una lucha nacional entre clases

فقط همین تماس بود که برای متمرکز کردن مبارزات متعدد محلی در یک مبارزه ملی بین طبقات لازم بود۔

Todas estas luchas tienen el mismo carácter, y toda lucha de clases es una lucha política

همه این مبارزات ماهیت یکسانی دارند و هر مبارزه طبقاتی یک مبارزه سیاسی است۔

los burgueses de la Edad Media, con sus miserables
carreteras, necesitaron siglos para formar sus uniones

مردم قرون وسطی،با بزرگراههای بدبختانه خود ، قرنها طول کشید تا
اتحادیههای خود را تشکیل دهند.

Los proletarios modernos, gracias a los ferrocarriles, logran
sus sindicatos en pocos años

پرولتاریای مدرن،به لطف راه اهن ، اتحادیه های خود را در عرض
چند سال به دست می اورند

Esta organización de los proletarios en una clase los formó,
por consiguiente, en un partido político

این سازمان پرولترها به صورت یک طبقه در نتیجه انها را به یک
حزب سیاسی تبدیل کرد۔

La clase política se ve continuamente molesta por la
competencia entre los propios trabajadores

طبقه سیاسی پیوسته از رقابت بین خود کارگران ناراحت است

Pero la clase política sigue levantándose de nuevo, más
fuerte, más firme, más poderosa

اما طبقه سیاسی همچنان دوباره قیام می کند،قوی تر ،محکم تر ، قوی
تر۔

Obliga al reconocimiento legislativo de los intereses
particulares de los trabajadores

این امر به رسمیت شناختن قانونی منافع خاص کارگران را مجبور می
کند

lo hace aprovechándose de las divisiones en el seno de la
propia burguesía

این کار را با بهره گیری از تقسیمات بین خود بورژوازی انجام می دهد

De este modo, el proyecto de ley de las diez horas en
Inglaterra se convirtió en ley

بدین ترتیب لایحه ده ساعت در انگلستان به قانون تبدیل شد

en muchos sentidos, las colisiones entre las clases de la vieja
sociedad son, además, el curso del desarrollo del
proletariado

از بسیاری جهات تصاوت طبقات جامعه کهن بیشتر مسیر تکامل
پرولتاریا است۔

La burguesía se ve envuelta en una batalla constante

بورژوازی خود را درگیر نبردی دائمی میبیند

Al principio se verá envuelto en una batalla constante con la aristocracia

در ابتدا خود را درگیر یک نبرد مداوم با اشراف خواهد یافت

más tarde se verá envuelta en una batalla constante con esas partes de la propia burguesía

بعدا خود را درگیر نبرد دائمی با ان بخشهای بورژوازی خواهد یافت

y sus intereses se habrán vuelto antagónicos al progreso de la industria

و منافع انها در تضاد با پیشرفت صنعت خواهد بود

en todo momento, sus intereses se habrán vuelto antagónicos con la burguesía de los países extranjeros

در همه زمانها، منافع انها با بورژوازی کشورهای خارجی در تضاد خواهد بود.

En todas estas batallas se ve obligado a apelar al proletariado y pide su ayuda

در تمام این نبردها خود را مجبور به درخواست از پرولتاریا میبیند و از او کمک میخواهد.

y, por lo tanto, se sentirá obligado a arrastrarlo a la arena política

و بنابراین، احساس خواهد کرد که مجبور خواهد شد ان را به عرصه سیاسی بکشاند

La burguesía misma, por lo tanto, suministra al proletariado sus propios instrumentos de educación política y general

بنابراین، خود بورژوازی ابزار اموزش سیاسی و عمومی خود را برای پرولتاریا فراهم می کند.

en otras palabras, suministra al proletariado armas para luchar contra la burguesía

به عبارت دیگر، پرولتاریا را با سلاح برای مبارزه با بورژوازی فراهم می کند

Además, como ya hemos visto, sectores enteros de las clases dominantes se precipitan en el proletariado

علاوه بر این،همانطور که قبلا دیدیم ، کل بخش های طبقات حاکم در پرولتاریا شتاب می گیرند.

el avance de la industria los absorbe en el proletariado

پیشرفت صنعت انها را به پرولتاریا می مکد

o, al menos, están amenazados en sus condiciones de existencia

یا حداقل،انها در شرایط وجود خود تهدید می شوند

Estos también suministran al proletariado nuevos elementos de ilustración y progreso

اینها همچنین عناصر تازه روشنگری و پیشرفت را برای پرولتاریا تامین می کنند.

Finalmente, en momentos en que la lucha de clases se acerca a la hora decisiva

سرانجام، در زمانی که مبارزه طبقاتی به ساعت تعیین کننده نزدیک می شود

el proceso de disolución que se está llevando a cabo en el seno de la clase dominante

روند انحلال که در درون طبقه حاکم در جریان است

De hecho, la disolución que se está produciendo en el seno de la clase dominante se sentirá en toda la sociedad

در واقع،انحلال در طبقه حاکمه در کل جامعه احساس خواهد شد .

Tomará un carácter tan violento y deslumbrante, que un pequeño sector de la clase dominante se quedará a la deriva

چنان شخصیت خشن و اشکاری خواهد داشت که بخش کوچکی از طبقه حاکمه خود را سرگردان میکند

y esa clase dominante se unirá a la clase revolucionaria

و طبقه حاکم به طبقه انقلابی ملحق خواهد شد

La clase revolucionaria es la clase que tiene el futuro en sus manos

طبقه انقلابی همان طبقه ای است که اینده را در دستان خود دارد

Al igual que en un período anterior, una parte de la nobleza se pasó a la burguesía

درست مانند دوره گذشته،بخشی از اشراف به بورژوازی واگذار شد .

de la misma manera que una parte de la burguesía se pasará al proletariado

همانطور که بخشی از بورژوازی به پرولتاریا خواهد رسید

en particular, una parte de la burguesía pasará a una parte de los ideólogos de la burguesía

به ویژه، بخشی از بورژوازی به بخشی از ایدئولوگهای بورژوازی خواهد رسید.

Ideólogos burgueses que se han elevado al nivel de comprender teóricamente el movimiento histórico en su conjunto

ایدئولوژیستهای بورژوازی که خود را تا سطح درک تئوریک جنبش تاریخی به عنوان یک کل بالا بردهاند

De todas las clases que hoy se encuentran frente a frente con la burguesía, sólo el proletariado es una clase realmente revolucionaria

از میان تمام طبقاتی که امروز با بورژوازی رو در رو هستند، پرولتاریا به تنهایی یک طبقه واقعا انقلابی است.

Las otras clases decaen y finalmente desaparecen frente a la industria moderna

طبقات دیگر از بین می روند و در نهایت در مواجهه با صنعت مدرن ناپدید می شوند

el proletariado es su producto especial y esencial

پرولتاریا محصول ویژه و اساسی ان است

La clase media baja, el pequeño fabricante, el tendero, el artesano, el campesino

طبقه متوسط پایین،تولید کننده کوچک ،مغازه دار ،صنعتگر ،دهقان

todos ellos luchan contra la burguesía

تمام این نبردها علیه بورژوازی

Luchan como fracciones de la clase media para salvarse de la extinción

انها به عنوان بخشی از طبقه متوسط مبارزه می کنند تا خود را از انقراض نجات دهند

Por lo tanto, no son revolucionarios, sino conservadores

بنابراین انها انقلابی نیستند،بلکه محافظه کار هستند .

Más aún, son reaccionarios, porque tratan de hacer retroceder la rueda de la historia

نه بیشتر ،انها ارتجاعی هستند ، زیرا انها سعی می کنند چرخ تاریخ را به عقب برگردانند

Si por casualidad son revolucionarios, lo son sólo en vista de su inminente transferencia al proletariado

اگر اتفاقا انقلابی باشند، فقط به خاطر انتقال قریب الوقوع خود به پرولتاریا هستند.

Por lo tanto, no defienden sus intereses presentes, sino sus intereses futuros

بنابراین انها از حال حاضر خود دفاع نمی کنند، بلکه از منافع اینده خود دفاع می کنند.

abandonan su propio punto de vista para situarse en el del proletariado

انها موضع خود را رها میکنند تا خود را در جایگاه پرولتاریا قرار دهند

La "clase peligrosa", la escoria social, esa masa pasivamente putrefacta arrojada por las capas más bajas de la vieja sociedad

"طبقه خطرناک"،تفاله اجتماعی ، که توده منفعلانه پوسیده ای که توسط پایین ترین لایه های جامعه قدیمی پرتاب می شود.

pueden, aquí y allá, ser arrastrados al movimiento por una revolución proletaria

انها ممکن است،اینجا و انجا ، توسط یک انقلاب پرولتری به جنبش کشیده شوند

Sus condiciones de vida, sin embargo, la preparan mucho más para el papel de un instrumento sobornado de la intriga reaccionaria

با این حال،شرایط زندگی ان ، ان را بسیار بیشتر برای بخشی از یک ابزار رشوه ای از فتنه ارتجاعی اماده می کند

En las condiciones del proletariado, los de la vieja sociedad en general están ya virtualmente desbordados

در شرایط پرولتاریا، شرایط جامعه قدیمی به طور کلی در حال حاضر عملا غرق شده است

El proletario carece de propiedad

پرولتر بدون مالکیت است

su relación con su mujer y sus hijos ya no tiene nada en común con las relaciones familiares de la burguesía

رابطه او با همسر و فرزندانش دیگر هیچ وجه اشتراکی با روابط خانوادگی بورژوازی ندارد.

el trabajo industrial moderno, el sometimiento moderno al capital, lo mismo en Inglaterra que en Francia, en Estados Unidos como en Alemania

کار صنعتی مدرن،انقیادی مدرن در برابر سرمایه ، همان در انگلستان که در فرانسه،در امریکا و المان

Su condición en la sociedad lo ha despojado de todo rastro de carácter nacional

وضع او در اجتماع، او را از هر نشانه ای از شخصیت ملی محروم کرده است

El derecho, la moral, la religión, son para él otros tantos prejuicios burgueses

قانون،اخلاق ،مذهب ،برای او بسیاری از تعصبات بورژوازی است

y detrás de estos prejuicios acechan emboscados otros tantos intereses burgueses

و در پس این پیشداوریها به همان اندازه منافع بورژوازی کمین کرده است

Todas las clases precedentes que se impusieron trataron de fortalecer su estatus ya adquirido

تمام طبقات قبلی که دست بالا را به دست اوردند، به دنبال تقویت وضعیت خود بودند که قبلا به دست اورده بودند

Lo hicieron sometiendo a la sociedad en general a sus condiciones de apropiación

انها این کار را با قرار دادن جامعه در شرایط تخصیص خود انجام دادند

Los proletarios no pueden llegar a ser dueños de las fuerzas productivas de la sociedad

پرولترها نمیتوانند ارباب نیروهای مولد جامعه شوند

sólo puede hacerlo aboliendo su propio modo anterior de apropiación

این کار را فقط با لغو شیوه قبلی تخصیص بودجه خود میتواند انجام دهد

y, por lo tanto, también suprime cualquier otro modo anterior de apropiación

و از این طریق هر نوع تخصیص قبلی را لغو می کند

No tienen nada propio que asegurar y fortificar

انها هیچ چیز برای تامین امنیت و تقویت ندارند.

Su misión es destruir todos los valores y seguros anteriores de la propiedad individual

ماموریت انها از بین بردن تمام اوراق بهادار قبلی و بیمه اموال فردی است.

Todos los movimientos históricos anteriores fueron movimientos de minorías

تمام جنبشهای تاریخی پیشین جنبشهای اقلیتها بودند.

o eran movimientos en interés de las minorías

یا جنبشهایی بودند که به نفع اقلیتها بود

El movimiento proletario es el movimiento consciente e independiente de la inmensa mayoría

جنبش پرولتری جنبش خوداگاه و مستقل اکثریت عظیم است۔

Y es un movimiento en interés de la inmensa mayoría

و این حرکتی است که به نفع اکثریت عظیم است

El proletariado, el estrato más bajo de nuestra sociedad actual

پرولتاریا،پایین ترین طبقه جامعه فعلی ما

no puede agitarse ni elevarse sin que todos los estratos superiores de la sociedad oficial salgan al aire

نمیتواند به جنبش دراید یا خود را بالا ببرد، بدون اینکه تمام قشرهای بالای جامعه رسمی به هوا پرتاب شود

Aunque no en el fondo, sí en la forma, la lucha del proletariado con la burguesía es, al principio, una lucha nacional

گرچه مبارزه پرولتاریا با بورژوازی نه در اصل،بلکه در شکل ، در ابتدا یک مبارزه ملی است۔

El proletariado de cada país debe, por supuesto, en primer lugar arreglar las cosas con su propia burguesía

پرولتاریای هر کشور،البته ، باید اول از همه مسائل را با بورژوازی خود حل و فصل کند۔

Al describir las fases más generales del desarrollo del proletariado, hemos trazado la guerra civil más o menos velada

در به تصویر کشیدن عمومی ترین مراحل توسعه پرولتاریا، ما جنگ داخلی کم و بیش پنهان را ردیابی کردیم۔

Este civil está haciendo estragos dentro de la sociedad existente

این مدنی در جامعه موجود خشمگین است

Se enfurecerá hasta el punto en que esa guerra estalle en una revolución abierta

تا جایی که این جنگ به انقلاب اشکار تبدیل شود،خشمگین خواهد شد ۔

y luego el derrocamiento violento de la burguesía sienta las bases para el dominio del proletariado

و سپس سرنگونی خشونت امیز بورژوازی پایه و اساس نفوذ پرولتاریا را می گذارد

Hasta ahora, todas las formas de sociedad se han basado, como ya hemos visto, en el antagonismo de las clases opresoras y oprimidas

تا کنون،هر شکلی از جامعه ،همانطور که قبلا دیده ایم ، بر اساس تضاد طبقات سرکوبگر و سرکوب شده است.

Pero para oprimir a una clase, hay que asegurarle ciertas condiciones

اما برای سرکوب یک طبقه،باید شرایط خاصی برای ان تضمین شود .

La clase debe ser mantenida en condiciones en las que pueda, por lo menos, continuar su existencia servil

طبقه باید در شرایطی حفظ شود که حداقل بتواند به وجود بردهوار خود ادامه دهد.

El siervo, en el período de la servidumbre, se elevaba a la comuna

رعیت،در دوره رعیتی ،خود را به عضویت در کمون بزرگ کرد

del mismo modo que la pequeña burguesía, bajo el yugo del absolutismo feudal, logró convertirse en burguesía

درست همانطور که خرده بورژوازی،تحت یوغ استبداد فئودالی ، موفق شد به یک بورژوازی تبدیل شود.

El obrero moderno, por el contrario, en lugar de elevarse con el progreso de la industria, se hunde cada vez más

برعکس،کارگر مدرن ،به جای اینکه با پیشرفت صنعت رشد کند ، عمیق تر و عمیق تر غرق می شود.

se hunde por debajo de las condiciones de existencia de su propia clase

او در زیر شرایط زندگی طبقه خود فرو می فرستد

Se convierte en un indigente, y el pauperismo se desarrolla más rápidamente que la población y la riqueza

او به یک گدا تبدیل می شود و فقر سریعتر از جمعیت و ثروت توسعه می یابد.

Y aquí se hace evidente que la burguesía ya no es apta para ser la clase dominante de la sociedad

و در اینجا اشکار می شود که بورژوازی دیگر برای طبقه حاکم در جامعه نامناسب است.

y no es apta para imponer sus condiciones de existencia a la sociedad como una ley imperativa

و برای تحمیل شرایط زندگی خود به جامعه به عنوان یک قانون بیش از حد سواری نامناسب است

Es incapaz de gobernar porque es incapaz de asegurar una existencia a su esclavo dentro de su esclavitud

این برای حکومت کردن مناسب نیست، زیرا برای تضمین وجود برده خود در بردگی خود ناتوان است۔

porque no puede evitar dejarlo hundirse en tal estado, que tiene que alimentarlo, en lugar de ser alimentado por él

زیرا نمیتواند به او اجازه دهد در چنان وضعیتی فرو رود که به جای اینکه توسط او تغذیه شود،باید به او غذا دهد ۔

La sociedad ya no puede vivir bajo esta burguesía

جامعه دیگر نمیتواند تحت این بورژوازی زندگی کند۔

En otras palabras, su existencia ya no es compatible con la sociedad

به عبارت دیگر،وجود ان دیگر با جامعه سازگار نیست ۔

La condición esencial para la existencia y el dominio de la burguesía es la formación y el aumento del capital

شرط اساسی برای وجود و سلطه طبقه بورژوازی، تشکیل و تقویت سرمایه است۔

La condición del capital es el trabajo asalariado

شرط سرمایه کار مزدی است

El trabajo asalariado se basa exclusivamente en la competencia entre los trabajadores

کار مزدی منحصرا بر رقابت بین کارگران استوار است۔

El avance de la industria, cuyo promotor involuntario es la burguesía, sustituye al aislamiento de los obreros

پیشرفت صنعت،که حامی غیر ارادی ان بورژوازی است ، جایگزین انزوای کارگران می شود۔

por la competencia, por su combinación revolucionaria, por la asociación

به دلیل رقابت،به دلیل ترکیب انقلابی انها ،به دلیل انجمن

El desarrollo de la industria moderna corta bajo sus pies los cimientos mismos sobre los cuales la burguesía produce y se apropia de los productos

توسعه صنعت مدرن از زیر پای خود همان بنیادی را که بورژوازی بر
اساس ان محصولات را تولید و به دست می اورد،قطع می کند ۔

Lo que la burguesía produce, sobre todo, son sus propios
sepultureros

انچه بورژوازی تولید می کند،بالاتر از همه ،گورکن های خود است ۔

La caída de la burguesía y la victoria del proletariado son
igualmente inevitables

سقوط بورژوازی و پیروزی پرولتاریا به همان اندازه اجتناب ناپذیر
است.

Proletarios y comunistas
پرولترها و کمونیستها

¿Qué relación tienen los comunistas con el conjunto de los proletarios?

کمونیستها در چه رابطهای با پرولتاریا به عنوان یک کل ایستادهاند؟

Los comunistas no forman un partido separado opuesto a otros partidos de la clase obrera

کمونیست ها حزب جداگانه ای را در مخالفت با سایر احزاب طبقه کارگر تشکیل نمی دهند۔

No tienen intereses separados y aparte de los del proletariado en su conjunto

انها هیچ منافعی جدا و جدا از منافع پرولتاریا به عنوان یک کل ندارند۔

No establecen ningún principio sectario propio, con el cual dar forma y moldear el movimiento proletario

انها هیچ اصول فرقه ای خود را برای شکل دادن و شکل دادن به جنبش پرولتری ایجاد نمی کنند۔

Los comunistas se distinguen de los demás partidos obreros sólo por dos cosas

کمونیستها تنها از دو چیز از دیگر احزاب طبقه کارگر متمایز هستند۔

En primer lugar, señalan y ponen en primer plano los intereses comunes de todo el proletariado, independientemente de toda nacionalidad

اولا،انها به منافع مشترک کل پرولتاریا ، مستقل از تمام ملیت ها اشاره می کنند و به جبهه می اورند۔

Esto lo hacen en las luchas nacionales de los proletarios de los diferentes países

این کار را در مبارزات ملی پرولترهای کشورهای مختلف انجام میدهند

En segundo lugar, siempre y en todas partes representan los intereses del movimiento en su conjunto

ثانیا، انها همیشه و همه جا منافع جنبش را به عنوان یک کل نمایندگی می کنند۔

esto lo hacen en las diversas etapas de desarrollo por las que tiene que pasar la lucha de la clase obrera contra la burguesía

این کار را در مراحل مختلف توسعه انجام می دهند، که مبارزه طبقه کارگر علیه بورژوازی باید از ان عبور کند.

Los comunistas son, por lo tanto, por una parte, prácticamente, el sector más avanzado y resuelto de los partidos obreros de todos los países

بنابراین کمونیستها از یک طرف عملا پیشرفتهترین و مصممترین بخش احزاب طبقه کارگر هر کشوری هستند.

Son ese sector de la clase obrera que empuja hacia adelante a todos los demás

انها ان بخش از طبقه کارگر هستند که دیگران را به جلو میرانند

Teóricamente, también tienen la ventaja de entender claramente la línea de marcha

از لحاظ تئوری، انها همچنین این مزیت را دارند که به وضوح خط راهپیمایی را درک کنند.

Esto lo comprenden mejor comparado con la gran masa del proletariado

این را بهتر درمقایسین توده عظیم پرولتاریا میدانند

Comprenden las condiciones y los resultados generales finales del movimiento proletario

انها شرایط و نتایج عمومی نهایی جنبش پرولتری را درک میکنند

El objetivo inmediato del comunista es el mismo que el de todos los demás partidos proletarios

هدف انی کمونیستها همان هدف تمام احزاب پرولتری دیگر است.

Su objetivo es la formación del proletariado en una clase

هدف انها تشکیل پرولتاریا به یک طبقه است

su objetivo es derrocar la supremacía burguesa

هدفشان براندازی برتری بورژوازی است

la lucha por la conquista del poder político por el proletariado

تلاش برای تسخیر قدرت سیاسی توسط پرولتاریا

Las conclusiones teóricas de los comunistas no se basan en modo alguno en ideas o principios de reformadores

نتیجه گیری های تئوریک کمونیست ها به هیچ وجه بر اساس ایده ها یا اصول اصلاح طلبان نیست.

no fueron los aspirantes a reformadores universales los que
inventaron o descubrieron las conclusiones teóricas de los
comunistas

این اصلاح طلبان جهانی نبودند که نتیجه گیری های تئوریک کمونیست
ها را اختراع یا کشف کردند.

Se limitan a expresar, en términos generales, las relaciones
reales que surgen de una lucha de clases existente

انها صرفا،به طور کلی ، روابط واقعی ناشی از یک مبارزه طبقاتی
موجود را بیان می کنند.

Y describen el movimiento histórico que está ocurriendo
ante nuestros propios ojos y que ha creado esta lucha de
clases

و انها جنبش تاریخی را که در زیر چشم ما جریان دارد توصیف می
کنند که این مبارزه طبقاتی را ایجاد کرده است

La abolición de las relaciones de propiedad existentes no es
en absoluto un rasgo distintivo del comunismo

الغای روابط مالکیت موجود به هیچ وجه ویژگی متمایز کمونیسم نیست.

Todas las relaciones de propiedad en el pasado han estado
continuamente sujetas a cambios históricos

تمام روابط مالکیت در گذشته به طور مداوم در معرض تغییرات تاریخی
بوده است.

y estos cambios fueron consecuencia del cambio en las
condiciones históricas

و این تغییرات نتیجه تغییر در شرایط تاریخی بود

La Revolución Francesa, por ejemplo, abolió la propiedad
feudal en favor de la propiedad burguesa

به عنوان مثال، انقلاب فرانسه مالکیت فئودالی را به نفع مالکیت
بورژوازی لغو کرد.

El rasgo distintivo del comunismo no es la abolición de la
propiedad, en general

ویژگی متمایز کمونیسم لغو مالکیت نیست،به طور کلی

pero el rasgo distintivo del comunismo es la abolición de la
propiedad burguesa

اما ویژگی متمایز کمونیسم الغای مالکیت بورژوازی است

Pero la propiedad privada de la burguesía moderna es la expresión última y más completa del sistema de producción y apropiación de productos

اما بورژوازی مدرن مالکیت خصوصی اخرین و کاملترین بیان نظام تولید و تصاحب محصولات است.

Es el estado final de un sistema que se basa en los antagonismos de clase, donde el antagonismo de clase es la explotación de la mayoría por unos pocos

این اخرین وضعیت سیستمی است که بر اساس تضادهای طبقاتی است، جایی که تضاد طبقاتی استثمار بسیاری توسط چند نفر است.

En este sentido, la teoría de los comunistas puede resumirse en una sola frase; la abolición de la propiedad privada

به این معنا، نظریه کمونیست ها را می توان در یک جمله خلاصه کرد . الغای مالکیت خصوصی

A los comunistas se nos ha reprochado el deseo de abolir el derecho de adquirir personalmente la propiedad

ما کمونیستها را به خاطر میل به لغو حق تملک شخصی متهم کردهایم

Se afirma que esta propiedad es el fruto del propio trabajo de un hombre

ادعا شده است که این دارایی ثمره کار خود انسان است

y se alega que esta propiedad es la base de toda libertad, actividad e independencia personal.

و ادعا می شود که این ملک زمینه تمام ازادی های شخصی، فعالیت و استقلال است.

"¡Propiedad ganada con esfuerzo, adquirida por uno mismo, ganada por uno mismo!"

"به سختی به دست اورد،خود به دست اورد ،اموال خود به دست اورده "

¿Te refieres a la propiedad del pequeño artesano y del pequeño campesino?

منظورت دارایی صنعتگر کوچک و دهقان کوچک است؟

¿Te refieres a una forma de propiedad que precedió a la forma burguesa?

منظورتان شکلی از مالکیت است که پیش از شکل بورژوازی بود؟

No hay necesidad de abolir eso, el desarrollo de la industria ya lo ha destruido en gran medida

نیازی به لغو ان نیست، توسعه صنعت تا حد زیادی ان را نابود کرده
است.

y el desarrollo de la industria sigue destruyéndola
diariamente

و توسعه صنعت هنوز هم روزانه ان را نابود می کند

¿O te refieres a la propiedad privada de la burguesía
moderna?

یا منظورتان مالکیت خصوصی بورژوازی مدرن است؟

Pero, ¿crea el trabajo asalariado alguna propiedad para el
trabajador?

اما ایا کار مزدی برای کارگر مالکیت ایجاد می کند؟

¡No, el trabajo asalariado no crea ni una pizca de este tipo de
propiedad!

نه،کار مزدی یک ذره از این نوع مالکیت را ایجاد نمی کند

Lo que sí crea el trabajo asalariado es capital; ese tipo de
propiedad que explota el trabajo asalariado

انچه کار مزدی ایجاد میکند سرمایه است؛ ان نوع اموالی که از کار
مزدی بهره می گیرد

El capital no puede aumentar sino a condición de engendrar
una nueva oferta de trabajo asalariado para una nueva
explotación

سرمایه نمی تواند افزایش یابد مگر به شرط ایجاد یک عرضه جدید کار
مزدی برای استثمار تازه۔

La propiedad, en su forma actual, se basa en el antagonismo
entre el capital y el trabajo asalariado

مالکیت،در شکل فعلی خود ،بر اساس تضاد سرمایه و کار مزدی است ۔

Examinemos los dos lados de este antagonismo

بیایید هر دو طرف این خصومت را بررسی کنیم

Ser capitalista es tener no sólo un estatus puramente
personal

سرمایهدار بودن به این صورت نیست که فقط یک موقعیت صرفا
شخصی داشته باشیم۔

En cambio, ser capitalista es también tener un estatus social
en la producción

در عوض،سرمایه دار بودن نیز داشتن موقعیت اجتماعی در تولید است ۔

porque el capital es un producto colectivo; Sólo mediante la
acción unida de muchos miembros puede ponerse en marcha

زیرا سرمایه یک محصول جمعی است. تنها با عمل متحد بسیاری از
اعضا می توان ان را به حرکت دراورد

Pero esta acción unida es el último recurso, y en realidad
requiere de todos los miembros de la sociedad

اما این اقدام متحد اخرین چاره است و در واقع به همه اعضای جامعه
نیاز دارد۔

El capital se convierte en propiedad de todos los miembros
de la sociedad

سرمایه به دارایی همه اعضای جامعه تبدیل می شود

pero el Capital no es, por lo tanto, un poder personal; Es un
poder social

اما سرمایه یک قدرت شخصی نیست۔این یک قدرت اجتماعی است

Así, cuando el capital se convierte en propiedad social, la
propiedad personal no se transforma en propiedad social

بنابراین هنگامی که سرمایه به مالکیت اجتماعی تبدیل می شود، مالکیت
شخصی به مالکیت اجتماعی تبدیل نمی شود۔

Lo único que cambia es el carácter social de la propiedad y
pierde su carácter de clase

تنها شخصیت اجتماعی ملک است که تغییر می کند و شخصیت طبقاتی
خود را از دست می دهد۔

Veamos ahora el trabajo asalariado

بیایید نگاهی به کار مزدی داشته باشیم

El precio medio del trabajo asalariado es el salario mínimo,
es decir, la cantidad de medios de subsistencia

متوسط قیمت کار مزدی حداقل دستمزد است، یعنی مقدار زیادی از
وسایل معیشت

Este salario es absolutamente necesario en la mera existencia
de un obrero

این دستمزد مطلقا در زندگی عریان به عنوان یک کارگر ضروری است

Por lo tanto, lo que el asalariado se apropia por medio de su
trabajo, sólo basta para prolongar y reproducir una
existencia desnuda

بنابراین، انچه را که کارگر مزدی از طریق کار خود به دست می
اورد، صرفا برای طولانی کردن و بازتولید یک وجود عریان کافی
است.

De ninguna manera pretendemos abolir esta apropiación
personal de los productos del trabajo

ما به هیچ وجه قصد نداریم این تصاحب شخصی محصولات کار را لغو
کنیم.

una apropiación que se hace para el mantenimiento y la
reproducción de la vida humana

تخصیصی که برای نگهداری و بازتولید زندگی انسان ساخته شده است

Tal apropiación personal de los productos del trabajo no
deja ningún excedente con el que ordenar el trabajo de otros

چنین تملک شخصی از محصولات کار هیچ مازادی برای فرمان دادن
به کار دیگران به جا نمیگذارند

Lo único que queremos eliminar es el carácter miserable de
esta apropiación

تنها چیزی که میخواهیم از بین ببریم، شخصیت بدبختانه این تصاحب
است

la apropiación bajo la cual vive el obrero sólo para aumentar
el capital

تصاحبی که کارگر تحت ان صرفا برای افزایش سرمایه زندگی میکند،

Sólo se le permite vivir en la medida en que lo exija el
interés de la clase dominante

او فقط تا انجا که مصلحت طبقه حاکم ایجاب میکند،حق دارد زندگی کند

En la sociedad burguesa, el trabajo vivo no es más que un
medio para aumentar el trabajo acumulado

در جامعه بورژوازی، کار زنده تنها وسیله ای برای افزایش کار انباشته
شده است.

En la sociedad comunista, el trabajo acumulado no es más
que un medio para ampliar, para enriquecer y para promover
la existencia del obrero

در جامعه کمونیستی،کار انباشته شده تنها وسیله ای برای گسترش ،
غنی سازی و ترویج وجود کارگر است.

En la sociedad burguesa, por lo tanto, el pasado domina al
presente

بنابراین،در جامعه بورژوازی ،گذشته بر زمان حال حاکم است

en la sociedad comunista el presente domina al pasado

در جامعه کمونیستی زمان حال بر گذشته حاکم است

En la sociedad burguesa el capital es independiente y tiene individualidad

در بورژوازی،سرمایه مستقل است و فردیت دارد .

En la sociedad burguesa la persona viva es dependiente y no tiene individualidad

در جامعه بورژوازی فرد زنده وابسته است و فردیت ندارد.

¡Y la abolición de este estado de cosas es llamada por la burguesía, abolición de la individualidad y de la libertad!

و لغو این وضعیت توسط بورژوازی، لغو فردیت و از ادی نامیده می شود

¡Y con razón se llama la abolición de la individualidad y de la libertad!

و به درستی لغو فردیت و از ادی نامیده می شود

El comunismo aspira a la abolición de la individualidad burguesa

هدف کمونیسم الغای فردیت بورژوازی است

El comunismo pretende la abolición de la independencia burguesa

کمونیسم قصد دارد استقلال بورژوازی را لغو کند

La libertad burguesa es, sin duda, a lo que aspira el comunismo

از ادی بورژوازی بدون شک چیزی است که کمونیسم به دنبال ان است.

en las actuales condiciones de producción de la burguesía, la libertad significa libre comercio, libre venta y compra

در شرایط فعلی تولید بورژوازی،از ادی به معنای تجارت ازاد ، فروش ازاد و خرید است.

Pero si desaparece la venta y la compra, también desaparece la libre venta y la compra

اما اگر فروش و خرید ناپدید شود، فروش و خرید رایگان نیز ناپدید می شود.

Las "palabras valientes" de la burguesía sobre la libre venta y compra sólo tienen sentido en un sentido limitado

" کلمات شجاعانه "بورژوازی در مورد خرید و فروش ازاد تنها به معنای محدود است.

Estas palabras tienen significado solo en contraste con la
venta y la compra restringidas

اين كلمات تنها در مقايسه با فروش و خريد محدود معنى دارند.

y estas palabras sólo tienen sentido cuando se aplican a los
comerciantes encadenados de la Edad Media

و اين كلمات فقط وقتى معنى دارند كه در مورد تجار قرون وسطى به
كار گرفته شوند

y eso supone que estas palabras incluso tienen un
significado en un sentido burgués

و فرض بر اين است كه اين كلمات حتى به معناى بورژوازى هم معنى
دارند

pero estas palabras no tienen ningún significado cuando se
usan para oponerse a la abolición comunista de la compra y
venta

اما اين كلمات هيچ معنايى ندارند زمانى كه انها براى مخالفت با لغو
كمونيست خريد و فروش استفاده مى شوند

las palabras no tienen sentido cuando se usan para oponerse
a la abolición de las condiciones de producción de la
burguesía

وقتى از كلمات براى مخالفت با بورژوازى استفاده مى شود، هيچ
معنايى ندارد شرايط توليد لغو مى شود

y no tienen ningún sentido cuando se utilizan para oponerse
a la abolición de la propia burguesía

و وقتى از انها براى مخالفت با برانداختن خود بورژوازى استفاده
ميشود،هيچ معنايى ندارند .

Ustedes están horrorizados de nuestra intención de acabar
con la propiedad privada

شما از قصد ما براى از بين بردن مالكيت خصوصى وحشت زده هستيد

Pero en la sociedad actual, la propiedad privada ya ha sido
eliminada para las nueve décimas partes de la población

اما در جامعه موجود شما، مالكيت خصوصى در حال حاضر براى نه
دهم جمعيت از بين رفته است.

La existencia de la propiedad privada para unos pocos se
debe únicamente a su inexistencia en manos de las nueve
décimas partes de la población

وجود مالکیت خصوصی برای تعداد کمی تنها به دلیل عدم وجود ان در دست نه دهم جمعیت است.

Por lo tanto, nos reprochas que pretendamos acabar con una forma de propiedad

بنابراین، شما ما را سرزنش می کنید که قصد دارید یک نوع اموال را از بین ببرید

Pero la propiedad privada requiere la inexistencia de propiedad alguna para la inmensa mayoría de la sociedad

اما مالکیت خصوصی مستلزم عدم وجود هر گونه مالکیت برای اکثریت عظیم جامعه است.

En una palabra, nos reprochas que pretendamos acabar con tu propiedad

در یک کلام، شما ما را سرزنش می کنید که قصد دارید اموال خود را از بین ببرید

Y es precisamente así; prescindir de su propiedad es justo lo que pretendemos

و دقیقا همینطور است؛ از بین بردن اموال شما دقیقا همان چیزی است که ما قصد داریم

Desde el momento en que el trabajo ya no puede convertirse en capital, dinero o renta

از لحظه ای که کار دیگر نمی تواند به سرمایه،پول یا اجاره تبدیل شود

cuando el trabajo ya no puede convertirse en un poder social capaz de ser monopolizado

وقتی دیگر نمیتوان کار را به یک قدرت اجتماعی تبدیل کرد که قادر به انحصار است.

desde el momento en que la propiedad individual ya no puede transformarse en propiedad burguesa

از لحظه ای که مالکیت فردی دیگر نمی تواند به مالکیت بورژوازی تبدیل شود

desde el momento en que la propiedad individual ya no puede transformarse en capital

از لحظه ای که مالکیت فردی دیگر نمی تواند به سرمایه تبدیل شود

A partir de ese momento, dices que la individualidad se desvanece

از ان لحظه،شما می گویید فردیت ناپدید می شود

Debéis confesar, pues, que por "individuo" no os referimos a otra persona que a la burguesía

بنابراین باید اعتراف کنید که منظور شما از فرد «شخص دیگری جز بورژوازی نیست۔

Debes confesar que se refiere específicamente al propietario de una propiedad de clase media

شما باید اعتراف کنید که به طور خاص به مالک طبقه متوسط مالکیت اشاره دارد

Esta persona debe, en verdad, ser barrida del camino, y hecha imposible

در واقع این شخص باید از سر راه کنار گذاشته شود و غیرممکن شود۔

El comunismo no priva a ningún hombre del poder de apropiarse de los productos de la sociedad

کمونیسم هیچ انسانی را از قدرت استفاده از محصولات جامعه محروم نمی کند۔

todo lo que hace el comunismo es privarlo del poder de subyugar el trabajo de otros por medio de tal apropiación

تنها کاری که کمونیسم انجام میدهد این است که او را از قدرت انقیاد دیگران با چنین تملکی محروم کند۔

Se ha objetado que, tras la abolición de la propiedad privada, cesará todo trabajo

اعتراض شده است که با لغو مالکیت خصوصی، تمام کار متوقف خواهد شد۔

y entonces se sugiere que la pereza universal se apoderará de nosotros

و سپس پیشنهاد می شود که تنبلی جهانی ما را فرا خواهد گرفت

De acuerdo con esto, la sociedad burguesa debería haber ido hace mucho tiempo a los perros por pura ociosidad

بر این اساس، جامعه بورژوازی باید مدتها پیش از طریق بیکاری محض به سراغ سگها میرفت

porque los de sus miembros que trabajan, no adquieren nada

زیرا کسانی از اعضای ان که کار می کنند، هیچ چیز به دست نمی اورند

y los de sus miembros que adquieren algo, no trabajan

و کسانی از اعضای ان که چیزی به دست می اورند،کار نمی کنند

Toda esta objeción no es más que otra expresión de la
tautología

تمام این اعتراض فقط بیان دیگری از اصطلاح است

Ya no puede haber trabajo asalariado cuando ya no hay
capital

دیگر هیچ کار مزدی نمیتواند وجود داشته باشد، در حالی که دیگر
سرمایهای وجود ندارد.

No hay diferencia entre los productos materiales y los
productos mentales

هیچ تفاوتی بین محصولات مادی و محصولات ذهنی وجود ندارد

El comunismo propone que ambos se producen de la misma
manera

کمونیسم پیشنهاد می کند که هر دو این ها به همان شیوه تولید می شوند

pero las objeciones contra los modos comunistas de
producirlos son las mismas

اما اعتراضها به شیوههای کمونیستی تولید این دو یکی است

para la burguesía, la desaparición de la propiedad de clase es
la desaparición de la producción misma

برای بورژوازی،از بین رفتن مالکیت طبقاتی ، ناپدید شدن خود تولید
است.

De modo que la desaparición de la cultura de clase es para él
idéntica a la desaparición de toda cultura

بنابراین این ناپدید شدن فرهنگ طبقاتی برای او یکسان است با ناپدید شدن
همه فرهنگها

Esa cultura, cuya pérdida lamenta, es para la inmensa
mayoría un mero entrenamiento para actuar como una
máquina

این فرهنگ،که او از دست دادن ان متاسف است ، برای اکثریت قریب
به اتفاق یک اموزش صرف برای عمل به عنوان یک ماشین است.

Los comunistas tienen la firme intención de abolir la cultura
de la propiedad burguesa

کمونیستها تا حد زیادی قصد دارند فرهنگ مالکیت بورژوازی را از
میان بر دارند.

Pero no discutan con nosotros mientras apliquen el estándar
de sus nociones burguesas de libertad, cultura, ley, etc

اما تا زمانی که استاندارد بورژوازی خود را از مفاهیم ازادی،فرهنگ ،
قانون و غیره اعمال می کنید،با ما مجادله نکنید ـ

Vuestras mismas ideas no son más que el resultado de las
condiciones de la producción burguesa y de la propiedad
burguesa

خود اندیشههای شما جز رشد شرایط تولید بورژوازی و مالکیت
بورژوازی شما نیستند۔

del mismo modo que vuestra jurisprudencia no es más que
la voluntad de vuestra clase convertida en ley para todos

درست همان طور که حقوق شما است اما اراده طبقه شما به قانون برای
همه تبدیل شده است

El carácter esencial y la dirección de esta voluntad están
determinados por las condiciones económicas que crea su
clase social

ماهیت و جهت اساسی این اراده توسط شرایط اقتصادی که طبقه
اجتماعی شما ایجاد می کند تعیین می شود۔

El concepto erróneo egoísta que te induce a transformar las
formas sociales en leyes eternas de la naturaleza y de la
razón

تصور غلط خودخواهانه ای که شما را وادار می کند فرم های اجتماعی
را به قوانین ابدی طبیعت و عقل تبدیل کنید۔

las formas sociales que brotan de vuestro actual modo de
producción y de vuestra forma de propiedad

اشکال اجتماعی که از شیوه فعلی تولید و شکل مالکیت شما سرچشمه
می گرفته است

relaciones históricas que surgen y desaparecen en el
progreso de la producción

روابط تاریخی که در پیشرفت تولید بالا می روند و ناپدید می شوند

Este concepto erróneo lo compartes con todas las clases
dominantes que te han precedido

این تصور غلط را که شما با هر طبقه حاکمی که پیش از شما وجود
داشته است،به اشتراک می گذارید

Lo que se ve claramente en el caso de la propiedad antigua,
lo que se admite en el caso de la propiedad feudal

انچه شما به وضوح در مورد مالکیت باستانی می بینید، انچه شما در
مورد مالکیت فئودالی اعتراف می کنید

estas cosas, por supuesto, le está prohibido admitir en el caso
de su propia forma burguesa de propiedad

البته در مورد بورژوازی خود شما را از پذیرفتن این چیزها منع میدارند

¡Abolición de la familia! Hasta los más radicales estallan
ante esta infame propuesta de los comunistas

لغو خانواده حتی رادیکال ترین شعله ها در این پیشنهاد بدنام کمونیست
ها

¿Sobre qué base se asienta la familia actual, la familia
Bourgeoisie?

خانواده فعلی،خانواده بورژوازی ،بر چه مبنایی بنا شده است؟

La base de la familia actual se basa en el capital y la
ganancia privada

پایه و اساس خانواده فعلی بر اساس سرمایه و سود خصوصی است

En su forma completamente desarrollada, esta familia sólo
existe entre la burguesía

این خانواده در شکل کاملا تکامل یافته خود فقط در میان بورژوازی
وجود دارد۔

Este estado de cosas encuentra su complemento en la
ausencia práctica de la familia entre los proletarios

این وضع در غیاب عملی خانواده در میان پرولترها تکمیل میشود

Este estado de cosas se puede encontrar en la prostitución
pública

این وضعیت را می توان در فحشا عمومی یافت

La familia Bourgeoisie se desvanecerá como algo natural
cuando su complemento se desvanezca

خانواده بورژوازی به عنوان یک موضوع از بین خواهد رفت زمانی
که مکمل ان ناپدید شود

y ambos se desvanecerán con la desaparición del capital

و هر دوی اینها با ناپدید شدن سرمایه از بین خواهند رفت

¿Nos acusan de querer detener la explotación de los niños
por parte de sus padres?

ایا شما ما را متهم می کنید که می خواهیم استثمار کودکان توسط والدین
انها را متوقف کنیم؟

De este crimen nos declaramos culpables

ما به این جرم اعتراف میکنیم که گناهکاریم

Pero, dirás, destruimos la más sagrada de las relaciones, cuando reemplazamos la educación en el hogar por la educación social

اما،شما خواهید گفت ،ما مقدس ترین روابط را نابود می کنیم ، زمانی که ما اموزش خانگی را با اموزش اجتماعی جایگزین می کنیم.

¿No es también social su educación? ¿Y no está determinado por las condiciones sociales en las que se educa?

ایا تحصیلات شما نیز اجتماعی نیست؟ ایا با شرایط اجتماعی که تحت ان تحصیل می کنید تعیین نمی شود؟

por la intervención, directa o indirecta, de la sociedad, por medio de las escuelas, etc.

با مداخله مستقیم یا غیرمستقیم جامعه،از طریق مدارس و غیره ـ

Los comunistas no han inventado la intervención de la sociedad en la educación

کمونیست ها دخالت جامعه در اموزش و پرورش را اختراع نکرده اند

lo único que pretenden es alterar el carácter de esa intervención

انها فقط میخواهند ماهیت این مداخله را تغییر دهند

y buscan rescatar la educación de la influencia de la clase dominante

و به دنبال نجات اموزش و پرورش از نفوذ طبقه حاکم هستند

La burguesía habla de la sagrada correlación entre padres e hijos

بورژوازی از رابطه مشترک مقدس پدر و مادر و فرزند سخن می گفت

pero esta trampa sobre la familia y la educación se vuelve aún más repugnante cuando miramos a la industria moderna

اما این تله کف زدن در مورد خانواده و اموزش و پرورش بیشتر منزجر کننده می شود زمانی که ما در صنعت مدرن نگاه می کنیم

Todos los lazos familiares entre los proletarios son desgarrados por la industria moderna

تمام پیوندهای خانوادگی در میان پرولترها با صنعت مدرن از هم گسیخته شده است

Sus hijos se transforman en simples artículos de comercio e instrumentos de trabajo

فرزندان انها به مواد ساده تجارت و ابزار کار تبدیل می شوند

Pero vosotros, los comunistas, creáis una comunidad de
mujeres, grita a coro toda la burguesía

اما شما کمونیست ها جامعه ای از زنان ایجاد می کنید، کل بورژوازی
فریاد می زند

La burguesía ve en su mujer un mero instrumento de
producción

بورژوازی زنش را صرفا ابزار تولید میبیند

Oye que los instrumentos de producción deben ser
explotados por todos

او می شنود که ابزار تولید باید توسط همه مورد بهره برداری قرار
گیرد.

Y, naturalmente, no puede llegar a otra conclusión que la de
que la suerte de ser común a todos recaerá igualmente en las
mujeres

و طبیعتا نمیتواند به نتیجهای برسد جز اینکه بسیاری از مشترک بودن
برای همه نیز به زنان خواهد رسید.

Ni siquiera sospecha que el verdadero objetivo es acabar con
la condición de la mujer como meros instrumentos de
producción

او حتی یک سوء ظن ندارد که نکته اصلی این است که وضعیت زنان
را به عنوان ابزار تولید صرف از بین ببرد

Por lo demás, nada es más ridículo que la virtuosa
indignación de nuestra burguesía contra la comunidad de
mujeres

برای بقیه، هیچ چیز مسخره تر از خشم فضیلت بورژوازی ما در
جامعه زنان نیست.

pretenden que sea abierta y oficialmente establecida por los
comunistas

انها وانمود میکنند که کمونیستها علنا و به طور رسمی ان را تاسیس
کردهاند

Los comunistas no tienen necesidad de introducir la
comunidad de mujeres, ha existido casi desde tiempos
inmemoriales

کمونیست ها نیازی به معرفی جامعه زنان ندارند، تقریبا از زمان های
بسیار قدیم وجود داشته است

Nuestra burguesía no se contenta con tener a su disposición
a las mujeres e hijas de sus proletarios

بورژوازی ما راضی نیست که همسران و دختران پرولتاریای خود را
در اختیار داشته باشد.

Tienen el mayor placer en seducir a las esposas de los demás

انها از اغوای همسران یکدیگر بسیار لذت می بردند

Y eso sin hablar de las prostitutas comunes

و این حتی در مورد فاحشههای معمولی هم نیست

El matrimonio burgués es en realidad un sistema de esposas
en común

ازدواج بورژوازی در واقع یک سیستم مشترک همسران است

entonces hay una cosa que se podría reprochar a los
comunistas

پس از ان یک چیز است که کمونیست ها ممکن است با سرزنش وجود
دارد

Desean introducir una comunidad de mujeres abiertamente
legalizada

انها می خواهند یک جامعه اشکارا قانونی از زنان را معرفی کنند

en lugar de una comunidad de mujeres hipócritamente
oculta

به جای یک جامعه ریاکارانه پنهان از زنان

la comunidad de mujeres que surgen del sistema de
producción

جامعه زنان که از نظام تولید بیرون می ایند

abolid el sistema de producción y abolid la comunidad de
mujeres

سیستم تولید را لغو کنید و جامعه زنان را لغو کنید

Se suprime la prostitución pública y la prostitución privada

هر دو فحشا عمومی لغو شده است،و فحشا خصوصی

A los comunistas se les reprocha, además, que desean abolir
los países y las nacionalidades

کمونیست ها بیشتر سرزنش می شوند که می خواهند کشورها و ملیت
ها را از بین ببرد.

Los trabajadores no tienen patria, así que no podemos
quitarles lo que no tienen

کارگران کشور ندارند، بنابراین ما نمیتوانیم آنچه را که ندارند از انها بگیریم-

El proletariado debe, ante todo, adquirir la supremacía política

پرولتاریا پیش از هر چیز باید برتری سیاسی کسب کند

El proletariado debe elevarse para ser la clase dirigente de la nación

پرولتاریا باید به عنوان طبقه پیشرو ملت به پا خیزد

El proletariado debe constituirse en la nación

پرولتاریا باید خود ملت را تشکیل دهد

es, hasta ahora, nacional, aunque no en el sentido burgués de la palabra

تا کنون خود را ملی کرده است،هرچند نه به معنای بورژوازی کلمه

Las diferencias nacionales y los antagonismos entre los pueblos desaparecen cada día más

تفاوت های ملی و خصومت بین مردم روز به روز بیشتر و بیشتر ناپدید می شوند

debido al desarrollo de la burguesía, a la libertad de comercio, al mercado mundial

به دلیل توسعه بورژوازی،ازادی تجارت ،به بازار جهانی

a la uniformidad en el modo de producción y en las condiciones de vida correspondientes

به یکنواختی در شیوه تولید و در شرایط زندگی مربوط به ان

La supremacía del proletariado hará que desaparezcan aún más rápidamente

برتری پرولتاریا باعث خواهد شد که انها سریعتر از بین بروند

La acción unida, al menos de los principales países civilizados, es una de las primeras condiciones para la emancipación del proletariado

اقدام متحد،حداقل از کشورهای متمدن پیشرو ، یکی از اولین شرایط رهایی پرولتاریا است.

En la medida en que se ponga fin a la explotación de un individuo por otro, también se pondrá fin a la explotación de una nación por otra.

به همان نسبت که استثمار یک فرد توسط دیگری پایان یابد، استثمار یک ملت توسط ملت دیگر نیز پایان خواهد یافت-

A medida que desaparezca el antagonismo entre las clases dentro de la nación, la hostilidad de una nación hacia otra llegará a su fin

به نسبتی که خصومت بین طبقات درون ملت از بین می رود، خصومت یک ملت با ملت دیگر به پایان خواهد رسید۔

Las acusaciones contra el comunismo hechas desde un punto de vista religioso, filosófico y, en general, ideológico, no merecen un examen serio

اتهامات علیه کمونیسم که از دیدگاه مذهبی، فلسفی و به طور کلی از نقطه نظر ایدئولوژیک مطرح می شود،سزاوار بررسی جدی نیست ۔

¿Se requiere una intuición profunda para comprender que las ideas, puntos de vista y concepciones del hombre cambian con cada cambio en las condiciones de su existencia material?

ایا برای درک اینکه ایده ها، دیدگاه ها و مفاهیم انسان با هر تغییری در شرایط وجود مادی او تغییر می کند،نیاز به شهود عمیق دارد؟

¿No es obvio que la conciencia del hombre cambia cuando cambian sus relaciones sociales y su vida social?

ایا واضح نیست که اگاهی انسان با تغییر روابط اجتماعی و زندگی اجتماعی اش تغییر می کند؟

¿Qué otra cosa prueba la historia de las ideas sino que la producción intelectual cambia de carácter a medida que cambia la producción material?

تاریخ ایده ها چه چیز دیگری را ثابت می کند، جز اینکه تولید فکری شخصیت خود را به نسبت تولید مادی تغییر می دهد؟

Las ideas dominantes de cada época han sido siempre las ideas de su clase dominante

ایده های حاکم بر هر عصر همیشه ایده های طبقه حاکم ان بوده است

Cuando se habla de ideas que revolucionan la sociedad, no hace más que expresar un hecho

وقتی مردم از ایده هایی صحبت می کنند که جامعه را متحول می کنند، فقط یک واقعیت را بیان می کنند۔

Dentro de la vieja sociedad, se han creado los elementos de una nueva

در جامعه قدیمی،عناصر یک جامعه جدید ایجاد شده است

y que la disolución de las viejas ideas sigue el mismo ritmo
que la disolución de las viejas condiciones de existencia

و انحلال اندیشههای کهنه با انحلال شرایط کهن هستی همگام است

Cuando el mundo antiguo estaba en sus últimos estertores,
las religiones antiguas fueron vencidas por el cristianismo

هنگامی که جهان باستان در اخرین درد و رنج خود بود، ادیان باستانی
توسط مسیحیت غلبه کردند

Cuando las ideas cristianas sucumbieron en el siglo XVIII a
las ideas racionalistas, la sociedad feudal libró su batalla a
muerte contra la burguesía revolucionaria de entonces

هنگامی که ایده های مسیحی در قرن هجدهم به ایده های عقلانی تسلیم
شدند، جامعه فئودالی نبرد مرگ خود را با بورژوازی انقلابی ان زمان
انجام داد.

Las ideas de la libertad religiosa y de la libertad de
conciencia no hacían más que expresar el dominio de la libre
competencia en el dominio del conocimiento

اندیشههای ازادی مذهبی و ازادی وجدان صرفا به سلطهی رقابت ازاد
در حوزهی دانش کمک میکرد.

"Indudablemente", se dirá, "las ideas religiosas, morales,
filosóficas y jurídicas se han modificado en el curso del
desarrollo histórico"

"بدون شک،"گفته خواهد شد ،ایده های مذهبی" ،اخلاقی ، فلسفی و
حقوقی در جریان توسعه تاریخی اصلاح شده است."

"Pero la religión, la filosofía de la moral, la ciencia política y
el derecho, sobrevivieron constantemente a este cambio"

اما دین،فلسفه اخلاق ،علوم سیاسی و قانون ، دائما از این تغییر جان
سالم به در بردند.

"También hay verdades eternas, como la Libertad, la Justicia,
etc."

همچنین حقایق ابدی مانند ازادی،عدالت و غیره وجود دارد ـ

"Estas verdades eternas son comunes a todos los estados de
la sociedad"

"این حقایق ابدی برای همه کشورهای جامعه مشترک است"

"Pero el comunismo suprime las verdades eternas, suprime
toda religión y toda moral"

اما کمونیسم حقایق ابدی را لغو می کند، تمام دین و تمام اخلاق را از بین می برد.

"Lo hace en lugar de constituirlos sobre una nueva base"

"این کار را به جای تشکیل انها بر اساس جدید انجام می دهد"

"Por lo tanto, actúa en contradicción con toda la experiencia histórica pasada"

بنابراین در تضاد با تمام تجربه های تاریخی گذشته عمل می کند.

¿A qué se reduce esta acusación?

این اتهام خود را به چه چیزی کاهش می دهد؟

La historia de toda la sociedad pasada ha consistido en el desarrollo de antagonismos de clase

تاریخ تمام جامعه گذشته شامل توسعه تضادهای طبقاتی بوده است

antagonismos que asumieron diferentes formas en diferentes épocas

تضادهایی که در دورههای مختلف شکلهای مختلفی به خود گرفتند

Pero cualquiera que sea la forma que hayan tomado, un hecho es común a todas las épocas pasadas

اما هر شکلی که ممکن است داشته باشند، یک واقعیت برای تمام سنین گذشته مشترک است.

la explotación de una parte de la sociedad por la otra

استثمار یک بخش از جامعه توسط بخش دیگر

No es de extrañar, pues, que la conciencia social de épocas pasadas se mueva dentro de ciertas formas comunes o ideas generales

بنابراین جای تعجب نیست که اگاهی اجتماعی اعدای گذشته در برخی اشکال مشترک یا ایده های کلی حرکت می کند.

(y eso a pesar de toda la multiplicidad y variedad que muestra)

(و این به رغم تمام تنوع و تنوعی است که نشان می دهد)

y éstos no pueden desaparecer por completo sino con la desaparición total de los antagonismos de clase

و اینها نمیتوانند به طور کامل محو شوند مگر با ناپدید شدن کامل تضادهای طبقاتی

La revolución comunista es la ruptura más radical con las relaciones tradicionales de propiedad

انقلاب کمونیستی رادیکال ترین گسست از روابط مالکیت سنتی است

No es de extrañar que su desarrollo implique la ruptura más radical con las ideas tradicionales

جای تعجب نیست که توسعه ان شامل رادیکال ترین گست با ایده های سنتی است

Pero dejemos de lado las objeciones de la burguesía al comunismo

اما بیایید اعتراض بورژوازی به کمونیسم را تمام کنیم

Hemos visto más arriba el primer paso de la revolución de la clase obrera

ما بالاتر از اولین گام در انقلاب توسط طبقه کارگر دیده ایم

Hay que elevar al proletariado a la posición de gobernante, para ganar la batalla de la democracia

پرولتاریا باید به مقام حکومت کردن، برای پیروزی در نبرد دموکراسی،ارتقاء یابد ۔

El proletariado utilizará su supremacía política para arrebatar, poco a poco, todo el capital a la burguesía

پرولتاریا از برتری سیاسی خود استفاده خواهد کرد تا به تدریج تمام سرمایه را از بورژوازی بگیرد۔

centralizará todos los instrumentos de producción en manos del Estado

تمام ابزارهای تولید را در دست دولت متمرکز خواهد کرد۔

En otras palabras, el proletariado organizado como clase dominante

به عبارت دیگر،پرولتاریا به عنوان طبقه حاکم سازماندهی شد

y aumentará el total de las fuerzas productivas lo más rápidamente posible

و کل نیروهای تولیدی را در اسرع وقت افزایش خواهد داد۔

Por supuesto, al principio, esto no puede llevarse a cabo sino por medio de incursiones despóticas en los derechos de propiedad

البته،در ابتدا ، این نمی تواند انجام شود مگر با استفاده از تهاجم استبدادی به حقوق مالکیت۔

y tiene que lograrse en las condiciones de la producción burguesa

و باید در شرایط تولید بورژوازی به دست اید

Por lo tanto, se logra mediante medidas que parecen económicamente insuficientes e insostenibles

بنابراین، از طریق اقداماتی به دست می اید که از لحاظ اقتصادی ناکافی و غیرقابل دفاع به نظر می رسد.

pero estos medios, en el curso del movimiento, se superan a sí mismos

اما این ابزارها،در جریان حرکت ،از خود پیشی می گیرند

Requieren nuevas incursiones en el viejo orden social

این امر مستلزم نفوذ بیشتر به نظم اجتماعی کهن است

y son ineludibles como medio de revolucionar por completo el modo de producción

و انها به عنوان وسیله ای برای انقلابی کامل در شیوه تولید اجتناب ناپذیر هستند

Por supuesto, estas medidas serán diferentes en los distintos países

البته این اقدامات در کشورهای مختلف متفاوت خواهد بود.

Sin embargo, en los países más avanzados, lo siguiente será de aplicación bastante general

با این وجود در پیشرفته ترین کشورها، موارد زیر به طور کلی قابل اجرا خواهد بود

1. Abolición de la propiedad de la tierra y aplicación de todas las rentas de la tierra a fines públicos.

1- الغای مالکیت زمین و استفاده از تمام رانت های زمین برای مقاصد عمومی.

2. Un fuerte impuesto progresivo o gradual sobre la renta.

2-مالیات بر درامد مترقی یا فارغ التحصیل سنگین .

3. Abolición de todo derecho de herencia.

3- الغاء تمام حقوق ارث.

4. Confiscación de los bienes de todos los emigrantes y rebeldes.

4- مصادره اموال همه مهاجرین و شورشیان.

5. Centralización del crédito en manos del Estado, por medio de un banco nacional de capital estatal y monopolio exclusivo.

5- تمرکز اعتبار در دست دولت، از طریق یک بانک ملی با سرمایه دولتی و انحصار انحصاری.

6. Centralización de los medios de comunicación y transporte en manos del Estado.

6تمرکز وسایل ارتباطی و حمل و نقل در دست دولت ۔

7. Ampliación de fábricas e instrumentos de producción propiedad del Estado

7گسترش کارخانه ها و ابزار تولید متعلق به دولت

la puesta en cultivo de tierras baldías y el mejoramiento del suelo en general de acuerdo con un plan común.

اوردن به کشت زمین های بایر و بهبود خاک به طور کلی مطابق با یک برنامه مشترک۔

8. Igual responsabilidad de todos hacia el trabajo

8- مسؤولیت برابر همه در برابر کار

Establecimiento de ejércitos industriales, especialmente para la agricultura.

ایجاد ارتش صنعتی،به ویژه برای کشاورزی ۔

9. Combinación de la agricultura con las industrias manufactureras

9ترکیب کشاورزی با صنایع تولیدی

Abolición gradual de la distinción entre la ciudad y el campo, por una distribución más equitativa de la población en todo el país.

لغو تدریجی تمایز بین شهر و کشور، با توزیع عادلانه تر جمعیت در سراسر کشور۔

10. Educación gratuita para todos los niños en las escuelas públicas.

10۔اموزش رایگان برای همه کودکان در مدارس دولتی ۔

Abolición del trabajo infantil en las fábricas en su forma actual

لغو کار کودکان در کارخانه در شکل فعلی ان

Combinación de la educación con la producción industrial

ترکیب اموزش و پرورش با تولید صنعتی

Cuando, en el curso del desarrollo, las distinciones de clase han desaparecido

هنگامی که در جریان توسعه،تمایز طبقاتی ناپدید شده است

y cuando toda la producción se ha concentrado en manos de una vasta asociación de toda la nación

و هنگامی که تمام تولید در دست یک انجمن گسترده از کل ملت متمرکز شده است

entonces el poder público perderá su carácter político

در این صورت قدرت عمومی شخصیت سیاسی خود را از دست خواهد داد.

El poder político, propiamente dicho, no es más que el poder organizado de una clase para oprimir a otra

قدرت سیاسی،که به درستی به اصطلاح نامیده می شود ، صرفا قدرت سازمان یافته یک طبقه برای سرکوب دیگری است.

Si el proletariado, en su lucha contra la burguesía, se ve obligado, por la fuerza de las circunstancias, a organizarse como clase

اگر پرولتاریا در طول رقابت با بورژوازی مجبور شود، با نیروی شرایط،خود را به عنوان یک طبقه سازماندهی کند .

si, por medio de una revolución, se convierte en la clase dominante

اگر با استفاده از یک انقلاب،خود را طبقه حاکمه کند

y, como tal, barre por la fuerza las viejas condiciones de producción

و به همین ترتیب،شرایط قدیمی تولید را به زور از بین می برد

entonces, junto con estas condiciones, habrá barrido las condiciones para la existencia de los antagonismos de clase y de las clases en general

سپس،همراه با این شرایط ، شرایط وجود تضادهای طبقاتی و به طور کلی طبقات را از بین خواهد برد.

y con ello habrá abolido su propia supremacía como clase.

و از این طریق برتری خود را به عنوان یک طبقه از بین خواهد برد.

En lugar de la vieja sociedad burguesa, con sus clases y sus antagonismos de clase, tendremos una asociación

به جای جامعه بورژوازی کهن،با طبقات و تضادهای طبقاتی ان ، ما یک انجمن خواهیم داشت.

una asociación en la que el libre desarrollo de cada uno sea la condición para el libre desarrollo de todos

انجمنی که در ان توسعه ازاد هر یک شرط توسعه ازاد همه است.

1) Socialismo reaccionario

سوسیالیسم ارتجاعی

a) Socialismo feudal

الف (سوسیالیسم فئودالی)

las aristocracias de Francia e Inglaterra tenían una posición
histórica única

اشراف فرانسه و انگلستان موقعیت تاریخی منحصر به فردی داشتند

se convirtió en su vocación escribir panfletos contra la
sociedad burguesa moderna

نوشتن جزوات علیه جامعه بورژوازی مدرن به کارشان راه داد

En la Revolución Francesa de julio de 1830 y en la agitación
reformista inglesa

در انقلاب ژوئیه ۱۸۳۰ فرانسه و در تحریک اصلاحات انگلیسی

Estas aristocracias sucumbieron de nuevo ante el odioso
advenedizo

این اشراف زادهها بار دیگر در برابر ان نوان نفرتانگیز تسلیم شدند

A partir de entonces, una contienda política seria quedó
totalmente fuera de discusión

از ان پس، یک رقابت سیاسی جدی کاملا خارج از بحث بود

Todo lo que quedaba posible era una batalla literaria, no
una batalla real

تنها چیزی که ممکن بود نبرد ادبی بود،نه یک نبرد واقعی ۔

Pero incluso en el dominio de la literatura, los viejos gritos
del período de la restauración se habían vuelto imposibles

اما حتی در حوزه ادبیات، فریادهای قدیمی دوران بازسازی غیرممکن
شده بود

Para despertar simpatías, la aristocracia se vio obligada a
perder de vista, aparentemente, sus propios intereses

به منظور برانگیختن همدردی، اشراف مجبور بودند ظاهرا منافع خود
را از دست بدهند

y se vieron obligados a formular su acusación contra la
burguesía en interés de la clase obrera explotada

و ناگزیر بودند که کیفرخواست خود را علیه بورژوازی به نفع طبقه
کارگر استثمار شده تنظیم کنند

Así, la aristocracia se vengó cantando sátiras a su nuevo amo

بدین ترتیب اشراف با تمسخر ارباب جدید خود انتقام خود را گرفتند

y se vengaron susurrándole al oído siniestras profecías de catástrofe venidera

و انها انتقام خود را با زمزمه کردن در گوش او پیشگوییهای شوم فاجعهای که در پیش است گرفتند

De esta manera surgió el socialismo feudal: mitad lamentación, mitad sátira

به این ترتیب سوسیالیسم فئودالی به وجود امد :نیمی سوگواری، نیمه لامپون

Sonaba como medio eco del pasado y proyectaba mitad amenaza del futuro

ان را به عنوان نیمی از پژواک گذشته به صدا در می اورد و نیمی از تهدید اینده را پیش بینی می کند

a veces, con su crítica amarga, ingeniosa e incisiva, golpeó a la burguesía hasta la médula

گاهی اوقات،با انتقاد تلخ ،شوخ طبع و قاطع ، بورژوازی را به قلب خود می زد

pero siempre fue ridículo en su efecto, por su total incapacidad para comprender la marcha de la historia moderna

اما همیشه مضحک بود، از طریق ناتوانی کامل در درک حرکت تاریخ مدرن

La aristocracia, con el fin de atraer al pueblo hacia ellos, agitaba la bolsa de limosnas proletaria delante como una bandera

اشرافیت،به منظور متحد کردن مردم به سمت انها ، کیسه صدقه پرولتری را در مقابل یک پرچم تکان داد

Pero el pueblo, tan a menudo como se unía a ellos, veía en sus cuartos traseros los antiguos escudos de armas feudales

اما مردم،اغلب که به انها ملحق شند ، از عقب نشانهای فئودالی قدیمی را میدیدند

y desertaron con carcajadas ruidosas e irreverentes

و با صدای بلند و بی حرمتی از ان جا رفتند۔

Un sector de los legitimistas franceses y de la "Joven Inglaterra" exhibió este espectáculo

یک بخش از مشروعیت طلبان فرانسوی و "انگلستان جوان "این نمایش را به نمایش گذاشت

los feudales señalaban que su modo de explotación era diferente al de la burguesía

فئودالیستها اشاره کردند که شیوهی استثمار انها با شیوهی بورژوازی فرق دارد

Los feudales olvidan que explotaron en circunstancias y condiciones muy diferentes

فئودالیست ها فراموش می کنند که تحت شرایط و شرایطی که کاملا متفاوت بود،استثمار می کردند ۔

Y no se dieron cuenta de que tales métodos de explotación ahora son anticuados

و انها متوجه نشدند که چنین روشهای استثماری اکنون کهنه شده اند

demostraron que, bajo su gobierno, el proletariado moderno nunca existió

انها نشان دادند که تحت حکومت انها، پرولتاریای مدرن هرگز وجود نداشته است۔

pero olvidan que la burguesía moderna es el vástago necesario de su propia forma de sociedad

اما فراموش میکنند که بورژوازی مدرن اولاد ضروری شکل جامعه خودشان است۔

Por lo demás, apenas ocultan el carácter reaccionario de su crítica

برای بقیه، انها به سختی ماهیت ارتجاعی انتقاد خود را پنهان می کنند

su principal acusación contra la burguesía es la siguiente

اتهام اصلی انها علیه بورژوازی به شرح زیر است

bajo el régimen de la burguesía se está desarrollando una clase social

تحت رژیم بورژوازی یک طبقه اجتماعی در حال توسعه است

Esta clase social está destinada a cortar de raíz el viejo orden de la sociedad

سرنوشت این طبقه اجتماعی این است که ریشه و نظم کهن اجتماع را منشعب کند

Lo que reprochan a la burguesía no es tanto que cree un proletariado

انچه بورژوازی را با ان سرزنش میکنند این نیست که پرولتاریا را خلق میکند.

lo que reprochan a la burguesía es más bien que crea un proletariado revolucionario

انچه بورژوازی را با ان سرزنش میکنند بیشتر این است که پرولتاریای انقلابی را ایجاد میکند.

En la práctica política, por lo tanto, se unen a todas las medidas coercitivas contra la clase obrera

بنابراین،در عمل سیاسی ، انها به تمام اقدامات اجباری علیه طبقه کارگر می پیوندند.

Y en la vida ordinaria, a pesar de sus frases altisonantes, se inclinan a recoger las manzanas de oro que caen del árbol de la industria

و در زندگی عادی،علیرغم عبارات پرفالوتین ، خم میشوند تا سیبهای طلایی را که از درخت صنعت افتادهاند بردارند.

y trocan la verdad, el amor y el honor por el comercio de lana, azúcar de remolacha y aguardiente de patata

و انها حقیقت،عشق و افتخار را با تجارت پشم ، شکر چغندر و ارواح سیب زمینی مبادله می کنند.

Así como el párroco ha ido siempre de la mano con el terrateniente, así también lo ha hecho el socialismo clerical con el socialismo feudal

همانطور که کشیش تا به حال دست در دست صاحبخانه رفته است، سوسیالیسم روحانیت با سوسیالیسم فئودالی نیز همراه است

Nada es más fácil que dar al ascetismo cristiano un tinte socialista

هیچ چیز اسان تر از این نیست که به زاهد مسیحی یک شئاتر سوسیالیستی بدهیم

¿No ha declamado el cristianismo contra la propiedad privada, contra el matrimonio, contra el Estado?

ایا مسیحیت علیه مالکیت خصوصی، علیه ازدواج و علیه دولت ادعا نکرده است؟

¿No ha predicado el cristianismo en lugar de estos, la caridad y la pobreza?

ایا مسیحیت به جای اینها، خیریه و فقر موعظه نکرده است؟

¿Acaso el cristianismo no predica el celibato y la mortificación de la carne, la vida monástica y la Madre Iglesia?

ایا مسیحیت مجردی و تحقیر گوشت، زندگی صومعه و کلیسای مادر را موعظه نمی کند؟

El socialismo cristiano no es más que el agua bendita con la que el sacerdote consagra los ardores del corazón del aristócrata

سوسیالیسم مسیحی چیزی جز اب مقدسی نیست که کشیش با ان قلب سوزهای اشراف زاده را تقدیس می کند.

b) Socialismo pequeñoburgués

ب (سوسیالیسم خرده بورژوائی

La aristocracia feudal no fue la única clase arruinada por la burguesía

اشرافیت فئودالی تنها طبقه ای نبود که توسط بورژوازی نابود شد.

no fue la única clase cuyas condiciones de existencia languidecieron y perecieron en la atmósfera de la sociedad burguesa moderna

این تنها طبقه ای نبود که شرایط زندگی اش در فضای جامعه بورژوازی مدرن به هم می خورد و نابود می شد.

Los burgueses medievales y los pequeños propietarios campesinos fueron los precursores de la burguesía moderna

بورژواهای قرون وسطایی و مالکان کوچک دهقانی پیشگامان بورژوازی مدرن بودند

En los países poco desarrollados, industrial y comercialmente, estas dos clases siguen vegetando una al lado de la otra

در کشورهایی که از نظر صنعتی و تجاری کمتر توسعه یافته هستند، این دو طبقه هنوز در کنار هم قرار دارند.

y mientras tanto la burguesía se levanta junto a ellos: industrial, comercial y políticamente

و در عین حال بورژوازی در کنار انها قیام می کند :صنعتی، تجاری و سیاسی

En los países donde la civilización moderna se ha desarrollado plenamente, se ha formado una nueva clase de pequeña burguesía

در کشورهایی که تمدن مدرن به طور کامل توسعه یافته است، طبقه جدیدی از خرده بورژوازی تشکیل شده است.

esta nueva clase social fluctúa entre el proletariado y la burguesía

این طبقه اجتماعی جدید بین پرولتاریا و بورژوازی در نوسان است

y siempre se renueva como parte complementaria de la sociedad burguesa

و همواره خود را به عنوان یک بخش تکمیلی از جامعه بورژوازی تجدید می کند

Sin embargo, los miembros individuales de esta clase son constantemente arrojados al proletariado

با این حال، اعضای این طبقه به طور مداوم به پرولتاریا پرتاب می شوند.

son absorbidos por el proletariado a través de la acción de la competencia

انها توسط پرولتاریا از طریق عمل رقابت مکیده می شوند

A medida que la industria moderna se desarrolla, incluso ven acercarse el momento en que desaparecerán por completo como sección independiente de la sociedad moderna

همانطور که صنعت مدرن توسعه می یابد، انها حتی لحظه ای را می بینند که به طور کامل به عنوان یک بخش مستقل از جامعه مدرن ناپدید می شوند.

Serán reemplazados, en las manufacturas, la agricultura y el comercio, por vigilantes, alguaciles y tenderos

انها در تولید،کشاورزی و تجارت ،توسط نادیده گیرندگان ، مجریان و مغازه داران جایگزین خواهند شد

En países como Francia, donde los campesinos constituyen mucho más de la mitad de la población

در کشورهایی مانند فرانسه، جایی که دهقانان بیش از نیمی از جمعیت را تشکیل می دهند.

era natural que hubiera escritores que se pusieran del lado del proletariado contra la burguesía

طبیعی بود که نویسندگانی هستند که طرف پرولتاریا را در برابر بورژوازی گرفتهاند

en su crítica al régimen burgués utilizaron el estandarte de la pequeña burguesía campesina

در انتقاد از رژیم بورژوازی از استاندارد دهقانان و خرده بورژوازی استفاده کردند

Y desde el punto de vista de estas clases intermedias, toman el garrote de la clase obrera

و از نقطه نظر این طبقات متوسط چماقها را برای طبقه کارگر می گیرند

Así surgió el socialismo pequeñoburgués, del que Sismondi
era el jefe de esta escuela, no sólo en Francia, sino también
en Inglaterra

بدین ترتیب سوسیالیسم خرده بورژوازی به وجود امد، که یسمونی
رئیس این مدرسه بود،نه تنها در فرانسه بلکه در انگلستان ۔

Esta escuela del socialismo diseccionó con gran agudeza las
contradicciones de las condiciones de producción moderna

این مکتب سوسیالیسم تناقضات موجود در شرایط تولید مدرن را با شدت
زیادی تشریح میکرد

Esta escuela puso al descubierto las apologías hipócritas de
los economistas

این مدرسه عذرخواهی ریاکارانه اقتصاددانان را اشکار کرد

Esta escuela demostró, incontrovertiblemente, los efectos
desastrosos de la maquinaria y de la división del trabajo

این مدرسه،بدون هیچ انکاری ، اثرات فاجعه بار ماشین الات و تقسیم
کار را ثابت کرد۔

Probó la concentración del capital y de la tierra en pocas
manos

این نشان داد که سرمایه و زمین در دست چند نفر است

demostró cómo la sobreproducción conduce a las crisis de la
burguesía

این نشان داد که چگونه تولید بیش از حد منجر به بحران بورژوازی
می شود

señalaba la ruina inevitable de la pequeña burguesía y del
campesino

به نابودی اجتناب ناپذیر خرده بورژوازی و دهقانان اشاره داشت

la miseria del proletariado, la anarquía en la producción, las
desigualdades flagrantes en la distribución de la riqueza

بدبختی پرولتاریا،هرج و مرج در تولید ، نابرابری گریه در توزیع
ثروت

Mostró cómo el sistema de producción lidera la guerra
industrial de exterminio entre naciones

این نشان داد که چگونه سیستم تولید منجر به جنگ صنعتی نابودی بین
ملت ها می شود

la disolución de los viejos lazos morales, de las viejas
relaciones familiares, de las viejas nacionalidades

انحلال پیوندهای اخلاقی کهن،روابط خانوادگی قدیمی ، ملیتهای کهن

Sin embargo, en sus objetivos positivos, esta forma de socialismo aspira a lograr una de dos cosas

با این حال،در اهداف مثبت خود ، این شکل از سوسیالیسم ارزوی دستیابی به یکی از این دو چیز را دارد.

o bien pretende restaurar los antiguos medios de producción y de intercambio

یا قصد دارد وسایل قدیمی تولید و مبادله را احیا کند.

y con los viejos medios de producción restauraría las viejas relaciones de propiedad y la vieja sociedad

و با وسایل قدیمی تولید، روابط مالکیت قدیمی و جامعه قدیمی را احیا خواهد کرد.

o pretende apretar los medios modernos de producción e intercambio en el viejo marco de las relaciones de propiedad

یا هدف ان این است که ابزار مدرن تولید و مبادله را به چارچوب قدیمی روابط مالکیت تبدیل کند.

En cualquier caso, es a la vez reaccionario y utópico

در هر دو مورد،هم ارتجاعی و هم اتوپیایی است .

Sus últimas palabras son: gremios corporativos para la manufactura, relaciones patriarcales en la agricultura

اخرین کلمات ان عبارتند از :اصناف شرکت برای تولید، روابط پدرسالارانه در کشاورزی

En última instancia, cuando los obstinados hechos históricos habían dispersado todos los efectos embriagadores del autoengaño

در نهایت، هنگامی که حقایق تاریخی سرسختانه تمام اثرات مست کننده خود فریبی را پراکنده کرده بود

esta forma de socialismo terminó en un miserable ataque de lástima

این شکل از سوسیالیسم با ترحمی رقتانگیز پایان یافت

c) Socialismo alemán o "verdadero"

ج (سوسیالیسم المانی یا "واقعی"

La literatura socialista y comunista de Francia se originó
bajo la presión de una burguesía en el poder

ادبیات سوسیالیستی و کمونیستی فرانسه تحت فشار بورژوازی در
قدرت اغاز شد.

Y esta literatura era la expresión de la lucha contra este
poder

و این ادبیات مظهر مبارزه علیه این قدرت بود

se introdujo en Alemania en un momento en que la
burguesía acababa de comenzar su lucha contra el
absolutismo feudal

این کتاب در زمانی به المان وارد شد که بورژوازی تازه مبارزه خود
را با استبداد فئودالی اغاز کرده بود.

Los filósofos alemanes, los aspirantes a filósofos y los beaux
esprits, se apoderaron con avidez de esta literatura

فیلسوفان المانی،فیلسوفان می شود ،و روح زیبا ، مشتاقانه در این
ادبیات به دست گرفت

pero olvidaron que los escritos emigraron de Francia a
Alemania sin traer consigo las condiciones sociales francesas

اما فراموش کردند که نوشتهها از فرانسه به المان مهاجرت کردهاند
بدون انکه شرایط اجتماعی فرانسه را به همراه داشته باشند.

En contacto con las condiciones sociales alemanas, esta
literatura francesa perdió toda su significación práctica
inmediata

در تماس با شرایط اجتماعی المان، این ادبیات فرانسوی تمام اهمیت
عملی فوری خود را از دست داد.

y la literatura comunista de Francia asumió un aspecto
puramente literario en los círculos académicos alemanes

و ادبیات کمونیستی فرانسه در محافل دانشگاهی المان جنبه ادبی محض
به خود گرفت

Así, las exigencias de la primera Revolución Francesa no
eran más que las exigencias de la "Razón Práctica"

بنابراین، خواسته های انقلاب اول فرانسه چیزی بیش از خواسته های
عقل عملی "نبود".

y la expresión de la voluntad de la burguesía revolucionaria
francesa significaba a sus ojos la ley de la voluntad pura

و بیان اراده بورژوازی انقلابی فرانسه در چشم انها قانون اراده خالص
را نشان می داد

significaba la Voluntad tal como estaba destinada a ser; de la
verdadera Voluntad humana en general

این به معنای ویل بود، همانطور که باید باشد؛ از اراده واقعی انسان به
طور کلی

El mundo de los literatos alemanes consistía únicamente en
armonizar las nuevas ideas francesas con su antigua
conciencia filosófica

جهان ادبیات المانی تنها شامل اوردن ایده های جدید فرانسوی به
هماهنگی با وجدان فلسفی باستانی انها بود.

o mejor dicho, se anexionaron las ideas francesas sin
abandonar su propio punto de vista filosófico

یا بهتر بگویم، انها ایدههای فرانسوی را ضمیمه کردند بدون اینکه
دیدگاه فلسفی خود را رها کنند.

Esta anexión se llevó a cabo de la misma manera en que se
apropia una lengua extranjera, es decir, por traducción

این الحاق به همان شیوه ای صورت گرفت که یک زبان خارجی، یعنی
با ترجمه،اختصاص داده می شود .

Es bien sabido cómo los monjes escribieron vidas tontas de
santos católicos sobre manuscritos

به خوبی شناخته شده است که چگونه راهبان زندگی احمقانه مقدسین
کاتولیک را بر روی نسخه های خطی نوشتند

los manuscritos sobre los que se habían escrito las obras
clásicas del antiguo paganismo

دستنوشتههایی که اثار کلاسیک امتهای باستانی بر روی انها نوشته شده
بود

Los literatos alemanes invirtieron este proceso con la
literatura profana francesa

ادبیات المانی این روند را با ادبیات فرانسوی بی حرمتی معکوس کرد

Escribieron sus tonterías filosóficas bajo el original francés

انها چرندیات فلسفی خود را در زیر اصل فرانسوی نوشتند

Por ejemplo, debajo de la crítica francesa a las funciones económicas del dinero, escribieron "Alienación de la humanidad"

به عنوان مثال،در زیر انتقاد فرانسه از عملکرد اقتصادی پول ، انها بیگانگی بشریت "را نوشتند".

debajo de la crítica francesa al Estado burgués escribieron "destronamiento de la categoría de general"

در زیر انتقاد فرانسه از دولت بورژوازی انها نوشتند "خلع طبقه عمومی"

La introducción de estas frases filosóficas en el reverso de las críticas históricas francesas las denominó:

معرفی این عبارات فلسفی در پشت انتقادات تاریخی فرانسه انها لقب:

"Filosofía de la acción", "Socialismo verdadero", "Ciencia alemana del socialismo", "Fundamentos filosóficos del socialismo", etc

»فلسفه عمل،«سوسیالیسم واقعی ،«علم سوسیالیسم المان ، بنیاد فلسفی سوسیالیسم «و غیره

De este modo, la literatura socialista y comunista francesa quedó completamente castrada

بدین ترتیب ادبیات سوسیالیستی و کمونیستی فرانسه کاملا از بین میرفت

en manos de los filósofos alemanes dejó de expresar la lucha de una clase con la otra

در دست فلاسفه المانی از بیان کشمکش یک طبقه با طبقه دیگر دست کشید

y así los filósofos alemanes se sintieron conscientes de haber superado la "unilateralidad francesa"

و بنابراین فیلسوفان المانی احساس می کردند که از غلبه بر "یک طرفه بودن فرانسه "اگاه هستند.

no tenía que representar requisitos verdaderos, sino que representaba requisitos de verdad

لازم نبود الزامات واقعی را نشان دهد، بلکه نشان دهنده الزامات حقیقت بود.

no había interés en el proletariado, más bien, había interés en la Naturaleza Humana

هیچ علاقه ای به پرولتاریا وجود نداشت، بلکه علاقه به طبیعت انسان وجود داشت.

el interés estaba en el Hombre en general, que no pertenece
a ninguna clase y no tiene realidad

علاقه به انسان به طور کلی بود، که متعلق به هیچ طبقه ای نیست و
واقعیت ندارد

Un hombre que sólo existe en el brumoso reino de la
fantasía filosófica

مردی که فقط در قلمرو مبهم فانتزی فلسفی وجود دارد

pero con el tiempo este colegial socialismo alemán también
perdió su inocencia pedante

اما سرانجام این سوسیالیسم آلمانی دانش اموز نیز معصومیت خود را از
دست داد

la burguesía alemana, y especialmente la burguesía
prusiana, lucharon contra la aristocracia feudal

بورژوازی المان و به ویژه بورژوازی پروس علیه اشرافیت فئودالی
جنگیدند

la monarquía absoluta de Alemania y Prusia también estaba
siendo combatida

سلطنت مطلقه المان و پروس نیز علیه

Y a su vez, la literatura del movimiento liberal también se
hizo más seria

و به نوبه خود، ادبیات جنبش لیبرال نیز جدی تر شد

Se le ofreció a Alemania la tan deseada oportunidad del
"verdadero" socialismo

فرصت طولانی مدت المان برای سوسیالیسم "واقعی "ارائه شد

la oportunidad de confrontar al movimiento político con las
reivindicaciones socialistas

فرصت مقابله با جنبش سیاسی با مطالبات سوسیالیستی

la oportunidad de lanzar los anatemas tradicionales contra el
liberalismo

فرصتی برای پرتاب نفرت سنتی علیه لیبرالیسم

la oportunidad de atacar al gobierno representativo y a la
competencia burguesa

فرصتی برای حمله به دولت نماینده و رقابت بورژوازی

Libertad de prensa burguesa, Legislación burguesa, Libertad
e igualdad burguesa

ازادی مطبوعات بورژوازی،قانون بورژوازی ، ازادی بورژوازی و
برابری

Todo esto ahora podría ser criticado en el mundo real, en
lugar de en la fantasía

همه اینها اکنون می تواند در دنیای واقعی مورد انتقاد قرار گیرد، نه در
فانتزی

La aristocracia feudal y la monarquía absoluta habían
predicado durante mucho tiempo a las masas

اریستوکراسی فئودالی و سلطنت مطلقه مدتها بود که برای تودهها
موعظه میکردند

"El obrero no tiene nada que perder y tiene todo que ganar"

کارگر چیزی برای از دست دادن ندارد و همه چیز برای به دست
اوردن دارد.

el movimiento burgués también ofrecía la oportunidad de
hacer frente a estos tópicos

جنبش بورژوازی نیز فرصتی برای مقابله با این چیزهای مبتذل ارائه
داد

la crítica francesa presuponía la existencia de la sociedad
burguesa moderna

انتقاد فرانسویها وجود جامعه بورژوازی مدرن را پیش فرض میکرد

Las condiciones económicas de existencia de la burguesía y
la constitución política de la burguesía

شرایط اقتصادی وجودی بورژوازی و قانون اساسی سیاسی بورژوازی

las mismas cosas cuya consecución era el objeto de la lucha
pendiente en Alemania

همان چیزهایی که دستیابی به انها هدف مبارزهی در حال انتظار در
المان بود

El estúpido eco del socialismo alemán abandonó estos
objetivos justo a tiempo

پژواک احمقانه سوسیالیسم المان این اهداف را درست در زمان مناسب
رها کرد

Los gobiernos absolutos tenían sus seguidores de párrocos,
profesores, escuderos y funcionarios

دولتهای مطلقه از پارسونها،استادان ، مهتریان و مقامات کشور پیروی
میکردند

el gobierno de la época se enfrentó a los levantamientos de
la clase obrera alemana con azotes y balas

دولت ان زمان قیامهای طبقه کارگر المان را با شلاق و گلوله مواجه
کرد۔

para ellos este socialismo servía de espantapájaros contra la
burguesía amenazadora

برای انها این سوسیالیسم به عنوان یک مترسک خوش امد گویی در
برابر بورژوازی تهدید امیز بود

y el gobierno alemán pudo ofrecer un postre dulce después
de las píldoras amargas que repartió

و دولت المان بعد از قرصهای تلخی که به دست میداد، توانست دسر
شیرینی به او تعارف کند۔

este "verdadero" socialismo servía así a los gobiernos como
arma para combatir a la burguesía alemana

این سوسیالیسم "واقعی "بدین ترتیب به عنوان سلاحی برای مبارزه با
بورژوازی المان به دولت ها خدمت کرد۔

y, al mismo tiempo, representaba directamente un interés
reaccionario; la de los filisteos alemanes

و در عین حال، ان را به طور مستقیم نشان دهنده منافع ارتجاعی؛ که
از فلسطینیهای المان بود

En Alemania, la pequeña burguesía es la verdadera base
social del actual estado de cosas

در المان طبقه خرده بورژوازی پایه و اساس اجتماعی واقعی وضعیت
موجود امور است۔

Una reliquia del siglo XVI que ha ido surgiendo
constantemente bajo diversas formas

از قرن شانزدهم است که به طور مداوم در اشکال relique یک
مختلف رشد می کند

Preservar esta clase es preservar el estado de cosas existente
en Alemania

حفظ این طبقه یعنی حفظ وضع موجود در المان۔

La supremacía industrial y política de la burguesía amenaza
a la pequeña burguesía con una destrucción segura

برتری صنعتی و سیاسی بورژوازی خرده بورژوازی را با نابودی
حتمی تهدید میکند۔

por un lado, amenaza con destruir a la pequeña burguesía a través de la concentración del capital

از یک طرف، تهدید به نابودی خرده بورژوازی از طریق تمرکز سرمایه است.

por otra parte, la burguesía amenaza con destruirla mediante el ascenso de un proletariado revolucionario

از سوی دیگر، بورژوازی تهدید به نابودی ان از طریق ظهور یک پرولتاریای انقلابی می کند.

El "verdadero" socialismo parecía matar estos dos pájaros de un tiro. Se extendió como una epidemia

به نظر می رسد سوسیالیسم "واقعی "این دو پرنده را با یک سنگ می کشد. مثل یک بیماری همه گیر گسترش می یابد

El manto de telarañas especulativas, bordado con flores de retórica, empapado en el rocío de un sentimiento enfermizo

ردای تار عنکبوتهای سوداگرانه که با گلهای لفاظی دوزی شده بود و در شبنم احساسات بیمارگونه غوطه ور بود

esta túnica trascendental en la que los socialistas alemanes envolvían sus tristes "verdades eternas"

این ردای متعالی که سوسیالیستهای المانی حقایق ابدی «تاسفبار خود را در ان میپیچند

toda la piel y los huesos, sirvieron para aumentar maravillosamente la venta de sus productos entre un público tan

همه پوست و استخوان، خدمت به فوق العاده افزایش فروش کالاهای خود را در میان چنین عمومی

Y por su parte, el socialismo alemán reconocía, cada vez más, su propia vocación

و به نوبه خود،سوسیالیسم المان ،بیشتر و بیشتر ، فراخوان خود را به رسمیت شناخت

estaba llamado a ser el grandilocuente representante de la pequeña burguesía filistea

ان را نماینده پر سر و صدا از خرده بورژوازی فلسطینی نامیده می شد

Proclamaba que la nación alemana era la nación modelo, y que el pequeño filisteo alemán era el hombre modelo

ملت المان را ملت نمونه اعلام کرد و فلسطینی کوچک المانی مرد نمونه

A cada maldad malvada de este hombre modelo le daba una
interpretación socialista oculta y superior

برای هر بدجنسی شرورانه این مرد نمونه،تفسیر پنهان ، بالاتر و
سوسیالیستی بود

esta interpretación socialista superior era exactamente lo
contrario de su carácter real

این تفسیر سوسیالیستی بالاتر دقیقا بر خلاف شخصیت واقعی ان بود

Llegó al extremo de oponerse directamente a la tendencia
"brutalmente destructiva" del comunismo

این به شدت به مخالفت مستقیم با گرایش "وحشیانه مخرب "کمونیسم
رسید۔

y proclamó su supremo e imparcial desprecio de todas las
luchas de clases

و تحقیر عالی و بی طرفانه خود را از تمام مبارزات طبقاتی اعلام کرد

Con muy pocas excepciones, todas las publicaciones
llamadas socialistas y comunistas que ahora (1847) circulan
en Alemania pertenecen al dominio de esta literatura sucia y
enervante

با استثنائات بسیار کمی، تمام نشریات به اصطلاح سوسیالیستی و
کمونیستی که اکنون)1847 (در المان گردش می کنند، متعلق به حوزه
این ادبیات کثیف و خسته کننده است.

2) Socialismo conservador o socialismo burgués

سوسیالیسم محافظه کار یا سوسیالیسم بورژوازی

Una parte de la burguesía está deseosa de reparar los agravios sociales

بخشی از بورژوازی خواهان جبران نارضایتیهای اجتماعی است

con el fin de asegurar la continuidad de la sociedad burguesa

به منظور تضمین تداوم وجود جامعه بورژوازی

A esta sección pertenecen economistas, filántropos, humanistas

به این بخش متعلق به اقتصاددانان،بشردوستان ، بشردوستانه

mejoradores de la condición de la clase obrera y organizadores de la caridad

بهبود وضعیت طبقه کارگر و سازمان دهندگان خیریه

Miembros de las Sociedades para la Prevención de la Crueldad contra los Animales

اعضای جوامع برای جلوگیری از ظلم به حیوانات

fanáticos de la templanza, reformadores de todo tipo imaginable

متعصبان اعتدال، اصلاح طلبان سوراخ و گوشه از هر نوع قابل تصور

Esta forma de socialismo, además, ha sido elaborada en sistemas completos

علاوه بر این، این شکل از سوسیالیسم به سیستم های کامل تبدیل شده است.

Podemos citar la "Philosophie de la Misère" de Proudhon como ejemplo de esta forma

پرودون را به "Philosophie de la Misère" ما ممکن است عنوان نمونه ای از این فرم ذکر کنیم

La burguesía socialista quiere todas las ventajas de las condiciones sociales modernas

بورژوازی سوسیالیستی تمام مزایای شرایط اجتماعی مدرن را می خواهد

pero la burguesía socialista no quiere necesariamente las luchas y los peligros resultantes

اما بورژوازی سوسیالیستی لزوما مبارزات و خطرات ناشی از ان را نمی خواهد

Desean el estado actual de la sociedad, menos sus elementos revolucionarios y desintegradores

انها خواهان وضعیت موجود جامعه، منهای عناصر انقلابی و متلاشی کننده ان هستند.

en otras palabras, desean una burguesía sin proletariado

به عبارت دیگر، انها برای یک بورژوازی بدون پرولتاریا ارزو می کنند

La burguesía concibe naturalmente el mundo en el que es supremo ser el mejor

بورژوازی به طور طبیعی جهانی را تصور می کند که در ان عالی است که بهترین باشد.

y el socialismo burgués desarrolla esta cómoda concepción en varios sistemas más o menos completos

و بورژوازی سوسیالیسم این مفهوم راحت را به نظامهای کم و بیش کامل توسعه میدهد.

les gustaría mucho que el proletariado marchara directamente hacia la Nueva Jerusalén social

خیلی دوست دارند که پرولتاریا بیراهه به سوی اورشلیم جدید اجتماعی حرکت کند

pero en realidad requiere que el proletariado permanezca dentro de los límites de la sociedad existente

اما در واقع این امر مستلزم ان است که پرولتاریا در محدوده جامعه موجود باقی بماند.

piden al proletariado que abandone todas sus ideas odiosas sobre la burguesía

انها از پرولتاریا میخواهند که تمام اندیشههای نفرتانگیز خود را درباره بورژوازی کنار نهند،

hay una segunda forma más práctica, pero menos sistemática, de este socialismo

یک شکل دوم عملی تر،اما کمتر سیستماتیک ، از این سوسیالیسم وجود دارد

Esta forma de socialismo buscaba despreciar todo movimiento revolucionario a los ojos de la clase obrera

این شکل از سوسیالیسم به دنبال تحقیر هر جنبش انقلابی در چشم طبقه کارگر بود

Argumentan que ninguna mera reforma política podría ser ventajosa para ellos

انها استدلال می کنند که هیچ اصلاح سیاسی صرف نمی تواند به نفع انها باشد

Sólo un cambio en las condiciones materiales de existencia en las relaciones económicas es beneficioso

تنها تغییر در شرایط مادی وجود در مناسبات اقتصادی سودمند است.

Al igual que el comunismo, esta forma de socialismo aboga por un cambio en las condiciones materiales de existencia

مانند کمونیسم، این شکل از سوسیالیسم طرفدار تغییر در شرایط مادی وجود است.

sin embargo, esta forma de socialismo no sugiere en modo alguno la abolición de las relaciones de producción burguesas

با این حال، این شکل از سوسیالیسم به هیچ وجه نشان نمی دهد لغو روابط تولید بورژوازی

la abolición de las relaciones de producción burguesas sólo puede lograrse mediante una revolución

الغای روابط تولید بورژوازی تنها از طریق یک انقلاب حاصل خواهد شد.

Pero en lugar de una revolución, esta forma de socialismo sugiere reformas administrativas

اما به جای انقلاب، این شکل از سوسیالیسم اصلاحات اداری را نشان می دهد

y estas reformas administrativas se basarían en la continuidad de estas relaciones

و این اصلاحات اداری مبتنی بر ادامه وجود این روابط خواهد بود

reformas, por lo tanto, que no afectan en ningún aspecto a las relaciones entre el capital y el trabajo

بنابراین، اصلاحاتی که به هیچ وجه بر روابط بین سرمایه و کار تاثیر نمی گذارد.

en el mejor de los casos, tales reformas disminuyen el costo y simplifican el trabajo administrativo del gobierno burgués

در بهترین حالت، چنین اصلاحاتی هزینه را کاهش می دهد و کار
اداری دولت بورژوازی را ساده می کند.

El socialismo burgués alcanza una expresión adecuada
cuando, y sólo cuando, se convierte en una mera figura
retórica

سوسیالیسم بورژوایی به بیان کافی دست می یابد، چه زمانی و تنها
زمانی که صرفا به یک شخصیت گفتاری تبدیل می شود.

Libre comercio: en beneficio de la clase obrera

تجارت ازاد :به نفع طبقه کارگر

Deberes protectores: en beneficio de la clase obrera

وظایف حفاظتی :به نفع طبقه کارگر

Reforma Penitenciaria: en beneficio de la clase trabajadora

اصلاح زندان :به نفع طبقه کارگر

Esta es la última palabra y la única palabra seria del
socialismo burgués

این اخرین کلمه و تنها کلمه جدی سوسیالیسم بورژوازی است.

Se resume en la frase: la burguesía es una burguesía en
beneficio de la clase obrera

در این عبارت خلاصه می شود :بورژوازی یک بورژوازی است که به
نفع طبقه کارگر است.

3) Socialismo crítico-utópico y comunismo

انتقادى- ارمانشهرى سوسياليسم و كمونيسم

No nos referimos aquí a esa literatura que siempre ha dado voz a las reivindicaciones del proletariado

ما در اينجا به ادبياتى اشاره نميكنيم كه همواره خواستههاى پرولتاريا را به صدا در آورده است.

esto ha estado presente en todas las grandes revoluciones modernas, como los escritos de Babeuf y otros

اين در هر انقلاب بزرگ مدرن، مانند نوشته هاى بابوف و ديگران وجود داشته است.

Las primeras tentativas directas del proletariado para alcanzar sus propios fines fracasaron necesariamente

اولين تلاشهاى مستقيم پرولتاريا براى رسيدن به اهداف خود ضرورتا با شكست مواجه شد.

Estos intentos se hicieron en tiempos de excitación universal, cuando la sociedad feudal estaba siendo derrocada

اين تلاشها در زمان هيجان جهانى، زمانى كه جامعه فئودالى در حال سرنگونى بود،انجام شد ۔

El entonces subdesarrollado del proletariado llevó a que fracasaran esos intentos

دولت پرولتاريا كه در ان زمان توسعه نيافته بود، منجر به شكست اين تلاشها شد۔

y fracasaron por la ausencia de las condiciones económicas para su emancipación

و انها به دليل عدم وجود شرايط اقتصادى براى رهايى ان شكست خوردند

condiciones que aún no se habían producido, y que sólo podían ser producidas por la inminente época de la burguesía

شرايطى كه هنوز به وجود نيامده بود و تنها با عصر قريب الوقوع بورژوازى مى توانست توليد شود

La literatura revolucionaria que acompañó a estos primeros movimientos del proletariado tuvo necesariamente un carácter reaccionario

ادبیات انقلابی که با این جنبشهای اولیه پرولتاریا همراه بود، ضرورتا خصلت ارتجاعی داشت.

Esta literatura inculcó el ascetismo universal y la nivelación social en su forma más cruda

این ادبیات زاهدانه جهانی و تسطیف اجتماعی را در خامترین شکل خود القا میکرد.

Los sistemas socialista y comunista, propiamente dichos, surgen en el período temprano no desarrollado

سیستم های سوسیالیستی و کمونیستی،به درستی به اصطلاح ، در اوایل دوره توسعه نیافته به وجود می ایند

Saint-Simon, Fourier, Owen y otros, describieron la lucha entre el proletariado y la burguesía (ver sección 1)

سنت سیمون،فوریر ،اوون و دیگران ، مبارزه بین پرولتاریا و بورژوازی را توصیف کردند)بخش 1 را ببینید(

Los fundadores de estos sistemas ven, en efecto, los antagonismos de clase

بنیانگذاران این سیستم ها در واقع تضادهای طبقاتی را می بینند

también ven la acción de los elementos en descomposición, en la forma predominante de la sociedad

انها همچنین عمل عناصر در حال تجزیه را در شکل غالب جامعه می بینند

Pero el proletariado, todavía en su infancia, les ofrece el espectáculo de una clase sin ninguna iniciativa histórica

اما پرولتاریا،که هنوز در دوران کودکی خود است ، نمایش یک طبقه بدون هیچ ابتکار تاریخی را به انها ارائه می دهد.

Ven el espectáculo de una clase social sin ningún movimiento político independiente

منظرهی یک طبقهی اجتماعی را میبینند که هیچ جنبش سیاسی مستقلی ندارد

El desarrollo del antagonismo de clase sigue el mismo ritmo que el desarrollo de la industria

توسعه تضاد طبقاتی حتی با توسعه صنعت همگام است

De modo que la situación económica no les ofrece todavía las condiciones materiales para la emancipación del proletariado

از این رو وضعیت اقتصادی هنوز شرایط مادی رهایی پرولتاریا را به
انها عرضه نکرده است.

Por lo tanto, buscan una nueva ciencia social, nuevas leyes
sociales, que creen estas condiciones

بنابراین انها به دنبال یک علوم اجتماعی جدید، پس از قوانین اجتماعی
جدید،که این شرایط را ایجاد می کنند ،جستجو می کنند ۔

acción histórica es ceder a su acción inventiva personal

عمل تاریخی این است که تسلیم عمل خلاقانه شخصی خود شوند

Las condiciones de emancipación creadas históricamente
han de ceder ante condiciones fantásticas

شرایط رهایی که از لحاظ تاریخی ایجاد شده است، باید به شرایط خیالی
تسلیم شود

y la organización gradual y espontánea de clase del
proletariado debe ceder ante la organización de la sociedad

و سازمان طبقاتی تدریجی و خودجوش پرولتاریا باید تسلیم سازماندهی
جامعه شود

la organización de la sociedad especialmente ideada por
estos inventores

سازماندهی جامعه که به طور خاص توسط این مخترعان طراحی شده
است

La historia futura se resuelve, a sus ojos, en la propaganda y
en la realización práctica de sus planes sociales

تاریخ اینده،در چشم انها ، خود را به تبلیغات و اجرای عملی برنامه
های اجتماعی خود حل می کند.

En la formación de sus planes son conscientes de
preocuparse principalmente por los intereses de la clase
obrera

انها در شکل گیری نقشه هایشان اگاهند که عمدتا به منافع طبقه کارگر
اهمیت می دهند.

Sólo desde el punto de vista de ser la clase más sufriente
existe el proletariado para ellos

تنها از نقطه نظر رنجشترین طبقه بودن است که پرولتاریا برای انها
وجود دارد.

El estado subdesarrollado de la lucha de clases y su propio
entorno informan sus opiniones

وضعیت توسعه نیافته مبارزه طبقاتی و محیط اطراف انها نظرات انها
را اگاه می کند

Los socialistas de este tipo se consideran muy superiores a
todos los antagonismos de clase

سوسیالیستها از این نوع خود را بسیار برتر از همه تضادهای طبقاتی
میدانند

Quieren mejorar la condición de todos los miembros de la
sociedad, incluso la de los más favorecidos

انها می خواهند وضعیت هر عضو جامعه را بهبود بخشند، حتی مورد
علاقه ترین افراد۔

De ahí que habitualmente atraigan a la sociedad en general,
sin distinción de clase

از این رو،انها معمولا به جامعه به طور کلی ،بدون تمایز طبقه ، تجدید
نظر می کنند

Es más, apelan a la sociedad en general con preferencia a la
clase dominante

نه، انها به طور کلی جامعه را به طبقه حاکم ترجیح می دهند

Para ellos, todo lo que se requiere es que los demás
entiendan su sistema

برای انها، تنها چیزی که لازم است این است که دیگران سیستم خود را
درک کنند۔

Porque, ¿cómo puede la gente no ver que el mejor plan
posible es para el mejor estado posible de la sociedad?

زیرا چگونه مردم نمی توانند ببینند که بهترین برنامه ممکن برای
بهترین وضعیت ممکن جامعه است؟

Por lo tanto, rechazan toda acción política, y especialmente
toda acción revolucionaria

از این رو، انها تمام اقدامات سیاسی و به ویژه تمام اقدامات انقلابی را
رد می کنند۔

desean alcanzar sus fines por medios pacíficos

انها میخواهند با صلح و صفا به اهداف خود برسند

se esfuerzan, mediante pequeños experimentos, que están
necesariamente condenados al fracaso

انها با ازمایشهای کوچکی تلاش میکنند که لزوما محکوم به شکست
هستند۔

y con la fuerza del ejemplo tratan de abrir el camino al nuevo Evangelio social

و با نیروی مثال انها سعی می کنند راه را برای انجیل اجتماعی جدید هموار کنند

Cuadros tan fantásticos de la sociedad futura, pintados en un momento en que el proletariado se encuentra todavía en un estado muy subdesarrollado

چنین تصاویر فوق العاده ای از جامعه اینده، در زمانی که پرولتاریا هنوز در یک وضعیت بسیار توسعه نیافته است،نقاشی شده است ۔

y todavía no tiene más que una concepción fantástica de su propia posición

و هنوز تصوری خیالی از وضع خود دارد

pero sus primeros anhelos instintivos corresponden a los anhelos del proletariado

اما نخستین ارزوهای غریزی انها با ارزوهای پرولتاریا مطابقت دارد

Ambos anhelan una reconstrucción general de la sociedad

هر دو ارزوی بازسازی عمومی جامعه را دارند

Pero estas publicaciones socialistas y comunistas también contienen un elemento crítico

اما این نشریات سوسیالیستی و کمونیستی نیز حاوی یک عنصر انتقادی هستند۔

Atacan todos los principios de la sociedad existente

انها به هر اصل جامعه موجود حمله می کنند

De ahí que estén llenos de los materiales más valiosos para la ilustración de la clase obrera

از این رو انها پر از ارزشمندترین مواد برای روشنگری طبقه کارگر هستند

Proponen la abolición de la distinción entre la ciudad y el campo, y la familia

انها پیشنهاد لغو تمایز بین شهر و روستا، و خانواده

la supresión de la explotación de industrias por cuenta de los particulares

لغو حمل در صنایع برای حساب از افراد خصوصی

y la abolición del sistema salarial y la proclamación de la armonía social

و لغو نظام دستمزد و اعلام هماهنگی اجتماعی

la conversión de las funciones del Estado en una mera
superintendencia de la producción

تبدیل کارکردهای دولت به یک نظارت صرف بر تولید

Todas estas propuestas, apuntan únicamente a la
desaparición de los antagonismos de clase

تمام این پیشنهادات، تنها به ناپدید شدن خصومتهای طبقاتی اشاره دارد

Los antagonismos de clase estaban, en ese momento, apenas
surgiendo

خصومتهای طبقاتی در ان زمان تازه در حال ظهور بود

En estas publicaciones estos antagonismos de clase se
reconocen sólo en sus formas más tempranas, indistintas e
indefinidas

در این نشریات این تضادهای طبقاتی تنها در اولین، نامشخص و
تعریف نشده خود شناخته شده است.

Estas propuestas, por lo tanto, son de carácter puramente
utópico

بنابراین، این پیشنهادات از یک شخصیت صرفا اتوپیایی هستند

La importancia del socialismo crítico-utópico y del
comunismo guarda una relación inversa con el desarrollo
histórico

اهمیت سوسیالیسم و کمونیسم ارمانشهری انتقادی رابطه معکوسی با
توسعه تاریخی دارد.

La lucha de clases moderna se desarrollará y continuará
tomando forma definitiva

مبارزه طبقاتی مدرن شکل قطعی خواهد گرفت و شکل قطعی خواهد
گرفت.

Esta fantástica posición del concurso perderá todo valor
práctico

این ایستادگی خارق العاده از مسابقه تمام ارزش عملی خود را از دست
خواهد داد

Estos fantásticos ataques a los antagonismos de clase
perderán toda justificación teórica

این حملههای خیالی به ضدیت طبقاتی همه توجیهات تئوریک را از
دست خواهد داد

Los creadores de estos sistemas fueron, en muchos aspectos,
revolucionarios

بنیانگذاران این سیستم ها از بسیاری جهات انقلابی بودند۔

pero sus discípulos han formado, en todos los casos, meras sectas reaccionarias

اما شاگردان انها،در هر مورد ، فرقه های ارتجاعی صرف تشکیل داده اند

Se aferran firmemente a los puntos de vista originales de sus amos

انها نظرات اصلی اربابان خود را محکم نگه می دارند

Pero estos puntos de vista se oponen al desarrollo histórico progresivo del proletariado

اما این دیدگاهها در تضاد با تکامل تاریخی مترقی پرولتاریا هستند۔

Por lo tanto, se esfuerzan, y eso de manera consecuente, por amortiguar la lucha de clases

بنابراین،انها تلاش می کنند ،و این به طور مداوم ، برای از بین بردن مبارزه طبقاتی

y se esfuerzan constantemente por reconciliar los antagonismos de clase

و پیوسته میکوشند تا تضادهای طبقاتی را با هم اشتی دهند

Todavía sueñan con la realización experimental de sus utopías sociales

انها هنوز رویای تحقق تجربی ارمانشهرهای اجتماعی خود را دارند۔

todavía sueñan con fundar "falansterios" aislados y establecer "colonias domésticas"

انها هنوز رویای تاسیس "فالانسترهای "جدا شده و ایجاد "مستعمرات خانگی "را دارند۔

sueñan con establecer una "Pequeña Icaria": ediciones duodécimas de la Nueva Jerusalén

کوچک "ـ نسخه های دوازدهه Icaria" انها رویای راه اندازی یک اورشلیم جدید

y sueñan con realizar todos estos castillos en el aire

و انها رویای تحقق تمام این قلعه در هوا

se ven obligados a apelar a los sentimientos y a las carteras de los burgueses

انها مجبورند به احساسات و کیف پولهای بورژواها مراجعه کنند

Poco a poco se hunden en la categoría de los socialistas conservadores reaccionarios descritos anteriormente

به تدریج انها در مقوله سوسیالیست های محافظه کار ارتجاعی که در
بالا به تصویر کشیده شده است فرو می روند

sólo se diferencian de ellos por una pedantería más
sistemática

این تفاوتها فقط به واسطه‌ی یک دست و پا گرفتن منظم‌تر است.

y se diferencian por su creencia fanática y supersticiosa en
los efectos milagrosos de su ciencia social

و با عقاید متعصبانه و خرافاتی خود در مورد اثرات معجز هاسای علوم
اجتماعی خود اختلاف نظر دارند

Por lo tanto, se oponen violentamente a toda acción política
por parte de la clase obrera

بنابراین، انها با خشونت با تمام اقدامات سیاسی طبقه کارگر مخالفت می
کنند.

tal acción, según ellos, sólo puede ser el resultado de una
ciega incredulidad en el nuevo Evangelio

به گفته انها، چنین عملی تنها می تواند ناشی از بی ایمانی کورکورانه به
انجیل جدید باشد.

Los owenistas en Inglaterra y los fourieristas en Francia,
respectivamente, se oponen a los cartistas y a los reformistas

اونی ها در انگلستان و چهارمی ها در فرانسه به ترتیب با چارتیست ها
و "فرمیست ها "مخالف هستند.

Posición de los comunistas en relación con los diversos partidos de oposición existentes

موضع کمونیستها در رابطه با احزاب مختلف مخالف موجود

La sección II ha dejado claras las relaciones de los comunistas con los partidos obreros existentes

بخش دوم روابط کمونیستها با احزاب طبقه کارگر موجود را روشن ساخته است.

como los cartistas en Inglaterra y los reformadores agrarios en América

مانند چارتیست ها در انگلستان و اصلاح طلبان کشاورزی در امریکا

Los comunistas luchan por el logro de los objetivos inmediatos

کمونیستها برای دستیابی به اهداف فوری میجنگند

Luchan por la imposición de los intereses momentáneos de la clase obrera

انها برای اجرای منافع لحظه ای طبقه کارگر مبارزه می کنند

Pero en el movimiento político del presente, también representan y cuidan el futuro de ese movimiento

اما در جنبش سیاسی زمان حال، انها همچنین اینده ان جنبش را نمایندگی و مراقبت می کنند.

En Francia, los comunistas se alían con los socialdemócratas

در فرانسه کمونیستها خود را با سوسیال دمکراتها متحد میکنند

y se posicionan contra la burguesía conservadora y radical

و خود را در برابر بورژوازی محافظه کار و رادیکال قرار می دهند

sin embargo, se reservan el derecho de tomar una posición crítica respecto de las frases e ilusiones tradicionalmente transmitidas desde la gran Revolución

با این حال، انها این حق را برای خود محفوظ می دارند که موضع انتقادی در رابطه با عبارات و توهمات سنتی از انقلاب بزرگ داشته باشند.

En Suiza apoyan a los radicales, sin perder de vista que este partido está formado por elementos antagónicos

انها در سوئیس از رادیکالها حمایت میکنند، بدون اینکه این واقعیت را از دست دهند که این حزب از عناصر متخاصم تشکیل شده است.

en parte de los socialistas democráticos, en el sentido francés, en parte de la burguesía radical

بخشی از سوسیالیستهای دموکراتیک،به معنای فرانسوی ، بخشی از بورژوازی رادیکال

En Polonia apoyan al partido que insiste en la revolución agraria como condición primordial para la emancipación nacional

در لهستان انها از حزبی حمایت می کنند که بر انقلاب ارضی به عنوان شرط اصلی رهایی ملی اصرار دارد.

el partido que fomentó la insurrección de Cracovia en 1846

ان دسته که در سال 1846 به شورش کراکو دامن زد

En Alemania luchan con la burguesía cada vez que ésta actúa de manera revolucionaria

در المان انها با بورژوازی هر زمان که به شیوه ای انقلابی عمل می کند،می جنگند ۔

contra la monarquía absoluta, la nobleza feudal y la pequeña burguesía

علیه سلطنت مطلقه، مهترشی فئودالی و خرده بورژوازی

Pero no cesan, ni por un solo instante, de inculcar en la clase obrera una idea particular

اما انها هرگز برای یک لحظه از القای یک ایده خاص به طبقه کارگر دست بر نمی دارند.

el reconocimiento más claro posible del antagonismo hostil entre la burguesía y el proletariado

روشنترین شناخت ممکن از خصومت خصمانه بین بورژوازی و پرولتاریا

para que los obreros alemanes puedan utilizar inmediatamente las armas de que disponen

تا کارگران المانی بتوانند بلافاصله از سلاحهایی که در اختیار دارند استفاده کنند

las condiciones sociales y políticas que la burguesía debe introducir necesariamente junto con su supremacía

شرایط اجتماعی و سیاسی که بورژوازی باید ضرورتا همراه با برتری خود معرفی کند

la caída de las clases reaccionarias en Alemania es inevitable

سقوط طبقات ارتجاعی در المان اجتناب ناپذیر است

y entonces la lucha contra la burguesía misma puede
comenzar inmediatamente

و سپس مبارزه علیه بورژوازی ممکن است بلافاصله اغاز شود

Los comunistas dirigen su atención principalmente a
Alemania, porque este país está en vísperas de una
revolución burguesa

کمونیست ها توجه خود را عمدتا به المان معطوف می کنند، زیرا این
کشور در استانه انقلاب بورژوازی است.

una revolución que está destinada a llevarse a cabo en las
condiciones más avanzadas de la civilización europea

انقلابی که باید در شرایط پیشرفته تر تمدن اروپایی به اجرا در اید

y está destinado a llevarse a cabo con un proletariado mucho
más desarrollado

و باید با پرولتاریای بسیار پیشرفته تر انجام شود

un proletariado más avanzado que el de Inglaterra en el
XVII y el de Francia en el siglo XVIII

پرولتاریای پیشرفتهتر از انگلستان در قرن هفدهم و پرولتاریای فرانسه
در قرن هجدهم بود.

y porque la revolución burguesa en Alemania no será más
que el preludio de una revolución proletaria
inmediatamente posterior

و چون انقلاب بورژوازی در المان تنها مقدمه انقلاب پرولتری
بلافاصله پس از ان خواهد بود

En resumen, los comunistas apoyan en todas partes todo
movimiento revolucionario contra el orden social y político
existente

به طور خلاصه، کمونیست ها در همه جا از هر جنبش انقلابی علیه
نظم اجتماعی و سیاسی موجود حمایت می کنند.

En todos estos movimientos ponen en primer plano, como
cuestión principal en cada uno de ellos, la cuestión de la
propiedad

در تمام این جنبشها،انها به عنوان سوال اصلی در هر یک ، مسئله
مالکیت را به جلو می اورند

no importa cuál sea su grado de desarrollo en ese país en ese
momento

مهم نیست که در ان زمان در ان کشور چه میزان پیشرفت داشته باشد

Finalmente, trabajan en todas partes por la unión y el acuerdo de los partidos democráticos de todos los países

در نهایت، انها در همه جا برای اتحاد و توافق احزاب دموکراتیک همه کشورها کار می کنند.

Los comunistas desdeñan ocultar sus puntos de vista y sus objetivos

کمونیست ها از پنهان کردن دیدگاه ها و اهداف خود بیزارند

Declaran abiertamente que sus fines sólo pueden alcanzarse mediante el derrocamiento por la fuerza de todas las condiciones sociales existentes

انها اشکارا اعلام می کنند که اهدافشان تنها با سرنگونی اجباری تمام شرایط اجتماعی موجود به دست می اید.

Que las clases dominantes tiemblen ante una revolución comunista

بگذارید طبقات حاکم در یک انقلاب کمونیستی بلرزند

Los proletarios no tienen nada que perder más que sus cadenas

پرولترها چیزی برای از دست دادن ندارند جز زنجیرهایشان.

Tienen un mundo que ganar

انها دنیایی برای برنده شدن دارند

¡TRABAJADORES DE TODOS LOS PAÍSES, UNÍOS!

کارگران همه کشورها، متحد شوید